Monika Pauderer
Gedankensprünge – Zeitgeschenke

Titelblattgestaltung:
Stephanie Ser nach einer Zeichnung von Ayse Kara.

Stephanie Ser · 81371 München
e-mail: info@stephanie-ser.de

© 2024
1. Auflage
Edition Töpfl · 94113 Tiefenbach
Tel. 08509/672 · Fax 08509/847
e-mail: info@druckerei-toepfl.de

ISBN 978-3-942592-57-4

Monika Pauderer

Gedankensprünge – Zeitgeschenke

Geschichten – Gedichte – Gedanken

Edition Töpfl

Inhaltsverzeichnis

Gedankensprünge 9
Bella 11
Tierliebe 13
Hinter den Körben 14
Kinderball fia Lederäpfe… 17
Jungbrunnen 19
April 20
Traurige Ostern – Corona 21
Aprui! Aprui! 22
Pfui! 23
An einem Sommertag 25
Sommertagtraum 28
Das ganze Leben ist ein Fest!? 29
Frühlingsfest am See 30
Das geht zu weit! 32
Eine immergrüne Liebe 33
Blumige Gedichte 35
Buntes Gärtchen 36
Die Reise nach Wien 37
Lass mich… 42
Jetzt pressiert's! 43
Nach der Hochzeit 44
Feste Feste feiern… 46
Weibliche „Liebeszeiten" 47
Da Weiberer 48
's Obststandl 49
Des rechte Gspann- erst dann! 50
Kontaktanzeige 51
Kleine Münze 52
Glückstrick 53
Eine wertvolle alte Tasche 54
‚s Glück is a Vogerl… 56
Das schwarze Schaf und das Lämmchen 58
Traum und Wirklichkeit 64
Wasserfoi 65
So a Nacht! 66

Bäume im Sommer-Regen-Sturm	67
Spätsommer	68
Ein Sommertag	69
Zwischen Dog und Traam	70
Herbstliche Kostbarkeit	71
Bildungsurlaub	72
Preißn	73
Boarische Philosophie	74
Ordnung muss sein! Ein Fischerlied – fehlen nur die Noten	75
Die chinesische Zirbel	77
Mit Sonnenstich!	81
Gelächter	82
Spatzn fanga	83
Man macht sich so seine Gedanken...	84
Fallen...	85
Frei! – Frei?	86
Im goidna Laub	87
Kastanienzeit	88
Vorbei...	89
Nehmen ist seliger als geben!	90
Geben	91
Aa a Art „Naturschutz"	92
Beim Zahnarzt	94
Eine bange Zange	95
Im Lebenslauf – im Lauf des Lebens	96
Jeder hat eine Gabe!	97
Haben Sie heute schon Ihr Fett bekommen?	98
Um a Fünferl an Durchanand	100
Schlecht bestrahlt	101
Aus dem Nähkästchen geplaudert	102
In die Waagschale gelegt...	103
Wohl behütet!	104
Die Außerirdischen sind schon da!	106
Die Götter sind unter uns...	107
Peinlichkeiten...	110
Unter Verdacht	111
's geht scho	114
Flohmarkt	115

Angst vorm Fliegen?	117
Kinderstube	117
Leblose Dinge?	119
Unauffällige Kleinigkeiten	120
Wann war das letzte Mal?	122
Was uns gehört... Was gehört uns schon?	124
Mami, bist du da?	126
Mein Stück Schlaraffenland	129
Pfui Deife!	131
Wia d' Jungfrau zum Kind…	132
Mein grüner Salon	133
Engelskuss	135
Dicke Freundschaft	136
Lied ohne Worte	138
Wörter wie Bilder	139
Unser Dorf muss schöner werden!	141
Der Wilde Westen ist überall!	144
Fazzoletti…	147
Flimmerstunden…	149
Fundsache	153
Tiefgründige Betrachtung	155
Man möcht's nicht glauben!	157
Wortlos	158
Auf's Gwand derf ma ned schaung	159
Moderne Balladen?	160
Eine feuchte Ballade	162
Eine traurige Ballade	164
Lässliche Sünde	167
Die Schöpfung	169
Die göttliche Eingabe	171
Paarweise	173
Fast göttlich	175
Suiberdog	176
O bittrer Winter!	177
Eistanz	178
Winterliche Kostbarkeiten – Na ja, aber	179
Kaum zu glauben!	180
Des waar zum überlegen	181

Vorsicht! 183
Ohne Oita 185
Schon wieder älter geworden 186
Koa Oita! 188
Endstation? 189
Altes Eisen 194
Eine merkwürdige Geschichte 195
Die Füchsin 197
Alarm! 200
Auch heute noch… 202
Der letzte Akt 206
Ernste Botschaft 207
Ein ausgefallenes Weihnachtsmenü 208
Hinter den Wolken… 213
Ein nagelneu's Jahr 214
Nichts Neues im neuen Jahr? 215
Wegweiser 218
De guade Fee 219
Abgesang 220

Gedankensprünge

Ein altes Volkslied macht uns klar,
dass Denken niemals strafbar war,
sofern es ganz geheim geschieht,
weil niemand, was man denkt, auch sieht. –

Jedoch, wer schreibt, der denkt meist viel,
hat Emotionen und Gefühl,
und gibt, was er sich denkt, oft preis,
obwohl er gar nicht sicher weiß,
ob der, der's liest, auch so empfindet.

Doch ist es völlig unbegründet,
dass man Gedankensprünge macht?
Hat man die zu Papier gebracht
und lässt die eignen Kapriolen
von andern lesen, unverhohlen,
so hofft man irgendwie und wann,
dass mancher da mit-springen kann
und eignes Denken nachvollzieht.

Was mir an Phantasien blüht,
will gerne ich zu Sträußen binden,
die vielleicht Euren Beifall finden.
Ich lass meine Gedanken aus
und mach kein Ratespiel daraus.
Ich geb sie frei, so als Geschenk.
Wobei ich mir dann manchmal denk',
dass es bisweilen Freude macht.
An mehr hab ich da nicht gedacht.
Obwohl, wenn man mich loben möcht',
das wär' mir letztlich doch ganz recht…

Ich fang, was frei fliegt, manchmal ein.
Papier soll ihr „Gefängnis" sein.
Und darauf kann sie jeder sehen,
nachdenken, schmunzeln und verstehen.
Dann wäre auch mein Ziel erreicht.
                                        Vielleicht…

Bella

Als ich ein kleines Mädchen war, verlebte ich meine Kindertage in einer Gärtnerei am Stadtrand von Bad Aibling. Wir waren dort einquartiert: eine Flüchtlingsfamilie, der man die Kammer neben der Waschküche und ein mit Möbeln vollgestelltes, nicht mehr verwendetes „Empfangszimmer" überlassen hatte. Für mich war dort das Paradies: Ich durfte alles im Garten: Erdbeeren direkt in den Mund pflücken, die süßen Erbsen aus den Schoten holen, Gelbe Rüben ziehen, kurz am Brunnen abspülen und herzhaft hineinbeißen. Stachelbeeren und Johannisbeeren ernten, Kohlrabi ungeschält genießen. Es war Freiheit pur, die ich genoss, Niemand schimpfte mit mir, niemand verbot mir etwas. Und abends, wenn ich in mein Bettchen direkt am Fenster kroch, konnte ich den süßen Duft der Marienlilien genießen, die unten wuchsen. Dass ich einmal Radieschensamen ins Beet mit Kalla gesät hatte, merkten die Gärtnerburschen nicht, die die Keime als Unkraut ausrupfen mussten.
Dann wurde einmal ein Hund angeschafft, denn bei dem weitläufigen Gelände musste ein Wachhund her. Da gab es zwar den Stopsi, einen schwarzen Scotchterrier, aber der war schon alt, griesgrämig, faul und gemütlich. Die meiste Zeit lag er im Schatten und kümmerte sich wenig um die Kundschaft, die zum Einkaufen von Pflänzchen oder der Bestellung eines Trauergebindes kam.
Die junge Schäferhündin war ein Kind wie ich. Große Pfoten, die auf ihre bald zu erreichende Größe schließen ließen. Die Ohren stellte sie noch nicht auf, sie hingen ihr beinahe über die Augen, die so treuherzig zu schauen verstanden. Ich gab ihr den Namen: Bella. Und Bella war mehr mein Hund, als der der Gärtnerei. Kunststücke brachte ich ihr bei, ich „erzog" sie. Sie lernte bei Fuß zu gehen. Sie wusste, wann ich sie zum Pfote gegeben aufforderte. Wenn ich ihr einen Leckerbissen auf die Schnauze legte, durfte sie diesen erst hochwerfen und danach schnappen, wenn ich es ihr erlaubte. Ihre Hundehütte hatte ich mit ihrem Namen geschmückt, mit Wasserfarben „Villa Bella" über den Einschlupf geschrieben.
Bella wurde schneller „erwachsen" als ich. Ein Menschenjahr soll ja sieben Hundejahre ausmachen. Als Bella zwei Jahre alt war, war ich noch keine vierzehn, gerade einmal neun Jahre, aber trotz des „Al-

tersunterschieds" waren wir Freundinnen. Sie war meine Beste! Sie bekam Kinder. Ein ganzes Rudel lag eines Tages im Stroh ihrer Hütte, die beinahe zu klein war für die durcheinander wuselnde Schar. Behalten wollte man höchstens einen der Welpen. Und die anderen? Es waren insgesamt sieben. Bella leckte sie, liebte sie, bot ihnen klaglos die Milchquelle, wo sie sich drängelten und nicht immer freundlich miteinander umgingen. Sechs kleine Hunde sollten – ja was? Ich nahm ein Körbchen und legte zuerst einmal zwei hinein, die, die ich für die schönsten hielt und ging mit ihnen „hausieren". Kleine Hunde loszuwerden, wo die Menschen selber nur knapp zu essen hatten? Ich durchwanderte die gesamte Nachbarschaft. Da gab es ein Feld für Schrebergärtner: Dort konnte man doch einen Wachhund brauchen? Nachts waren die Anlagen unbeaufsichtigt. (Hatten ich und meine Freundin doch bisweilen selber da einiges stibitzt...) Die zwei Hündchen bekam ich los. Dann dehnte ich meine Verkaufstouren weiter aus. Bellas Wurf sollte nicht umkommen. Ich bettelte, als gelte es mein Leben: Beim Förster, beim Bäcker, beim Gerber. Für Bellas Kinder hatte ich gute Plätze gefunden.

Dann verließ ich selber die Gärtnerei – und meine Kindheit. Wir waren umgezogen, in eine andere Stadt, in eine andere Umgebung. Bella hatte ich nicht vergessen – aber sie mich auch nicht. Eine Radtour hatte ich gemacht, die mich in die Nähe der alten Gärtnerei brachte. Verbindungen dorthin hatte ich so eigentlich nicht mehr, aber man konnte ja mal sehen. Ich öffnete das Gartentor, das genau so knarzte wie damals. Bella hatte man an einer Laufkette festgemacht. Auslauf hatte sie genug von der einen Seite des Geräteschuppens zur anderen, aber Freiheit sah anders aus. Erst abends sollte sie selbstständig das Gelände überwachen.

Ohne Bedenken ging ich in dieses Terrain. Vom ersten Stock des Hauses rief eine Frau mir zu: „Halt, nicht da durch! Der Hund ist scharf!" Ich ging trotzdem weiter. Der Hund stürmte auf mich zu. „Bella!" rief ich, ohne zu wissen, ob es wirklich noch Bella war. Aber sie war es und erkannte mich sofort. Sie warf sich mir sozusagen entgegen, heftig, in einem Ansturm von Wiedererkennen, ja, Liebe! Ich umfing sie, die sich mir auf die Schultern gestemmt hatte, so dass ich sie kaum bremsen konnte, bemüht, das Gleichgewicht zu halten. Bella, meine Bella, mein Hund, der mir so direkt nie gehört, mit dem ich aber mei-

ne Kindheit, mein Paradies geteilt hatte. Die inzwischen älter geworden war als ich: Sieben Hundejahre sind ein Menschenjahr. –
Vergessen kann ich dich nicht, meine Schöne. Reinrassig warst du, hat man mir gesagt. Interessiert hat mich das nie. Du warst mir Freundin, Trösterin, gabst mir Unterschlupf in deiner Hundehütte, hast mich nie verraten, wenn wir zusammen durch die Felder streiften, wo weder du noch ich eigentlich so direkt nichts zu suchen hatten. Das ist für dich!

Tierliebe

Den Filmstar fragt das Goldne Blatt,
ob sie vielleicht ein Haustier hat.

„O ja! Die haben's gut bei mir!
Genau genommen sind es vier.
Für *jedes* davon schlägt mein Herz.
Im Kleiderschrank drin ist mein Nerz.
In der Garage, ist doch klar,
wartet mein roter Jaguar.
Und weiter, was gern manche hätt',
hab ich auch einen Hengst im Bett!
Doch damit ist's noch nicht genug.
Die Tierliebe verteil ich klug,
dann letzten Endes, aus dem Grund,
gibt es noch einen blöden Hund,
der alles zahlt und finanziert.
Damit, so denke ich nun, wird
doch wohl aufs beste aufgezeigt,
das ich den Tieren zugeneigt!"

Und lächelnd schmust der Super-Star
mit seinem Kater Sansibar.
„Er ist nicht treu, doch anschmiegsam,
oft besser, als ein Ehemann!"

Hinter den Körben

Meine Kindertage habe ich in einer großen Gärtnerei am Stadtrand verbracht. Das heißt, wenn ich heute vor dem jetzt verwilderten Grundstück stehe, auf dem keine Spur der Treibhäuser, der Obstbäume, der Johannisbeerbüsche und der Rosenbeete mehr zu finden ist, dann frage ich mich manchmal, ob nicht doch alles viel kleiner war, als ich es in Erinnerung habe. Waren dort der Hühnerstall und daneben der langgezogene Schuppen für die Geräte? Nur die Betonpfosten der Wäscheaufhänge stehen noch, sonst nichts mehr. keine Spur des roten Wohnhauses mit der Glasveranda. Keine Spur meiner Schaukel, keine Spur der Wasserbassins, die für das Gießwasser gedacht und von Kaulquappen und Wasserläufern bewohnt waren und in denen das Wasser grün schimmerte, von den Algen, die darin wucherten. Wo ist das alles geblieben? Ins Nichts zerronnen, wie meine Kinderzeit, und doch nicht verloren, denn die Bilder haben in meinem Gedenken eine Heimat gefunden, ich kann sie jederzeit wieder lebendig werden lassen.
Hockt dort nicht das kleine Mädchen mit der roten Haarschleife zwischen den Erdbeerbeeten und nascht? Es gab nur eine „verbotene Frucht" in diesem Paradies meiner Kinderzeit: das große Wasserbecken, das so tief war, dass ich gerade noch darin stehen konnte. Einmal bin ich trotz des Verbots hineingestiegen, auf dem glitschigen Boden ausgerutscht und wäre vielleicht ertrunken, wenn mich nicht einer der Gärtnerburschen rechtzeitig raus gefischt hätte. Überall an meiner Haut hatten sich kleine, schlüpfrige Tierchen festgebissen, die nur durch ein heißes Bad mit scharfer Seifenlauge wieder von mir abließen.
Die geheimnisvolle Dämmerung des Geräteschuppens, die feuchte Wärme der Treibhäuser mit ihrem Geruch nach Erde und Blüten, der zarte Regenbogen, der sich zwischen der Lichtkuppel und dem Sprühregen im Palmenhaus spannte, und die brütende Sommerhitze unter dem Dach am Speicher, wenn die Staubfäden in den einfallenden Sonnenstrahlen tanzten, all das gehörte zu meiner Welt.
Ich war freier als der Schäferhund, der an einer langen Kette über den Hof lief und die Besucher verbellte, ohne ihnen etwas tun zu können. Er wurde nur abends frei gelassen, wenn keine Kunden mehr kamen. Ich lief an der langen Leine der Freiheit, die mir die wenigen Schul-

stunden ließ, schlüpfte durch Hecken, zerriss mir wohl einmal das Kleid an einem Gartenzaun. Niemand nahm es mir übel, wenn ich Radieschensamen zwischen die gepflegten Blumenrabatten säte und die aufgehenden Pflänzchen als Unkraut wieder gejätet werden mussten. Niemand schimpfte mit mir, als ich einen toten Maulwurf im Schürzerl nach Hause brachte und feierlich im Lilienbeet begrub, deutlich die Spuren meiner nackten Füße hinterlassend.
Es war in den Jahren, da viele Menschen ihre Heimat verloren hatten und froh waren, irgendwo Unterschlupf zu finden, sich mit dem Einfachsten zufriedengaben. Die Menschen waren enger zusammengerückt, und doch kam man sich sehr oft nicht näher.
Auf dem Speicher der Gärtnerei waren die Schlafkammern der Gärtnerburschen. Enge Räume, ohne Waschgelegenheit, ohne elektrisches Licht, mit einer Dachluke, über die manchmal eine Spinne ihr Silbernetz als Vorhang webte. Im Winter war es eisig kalt, im Sommer oft schwül und atembeklemmend. Doch es waren wenigstens Räume, in denen jeder seine Habseligkeiten unterbringen, die Tür hinter sich zumachen konnte.

Dort oben wohnte aber noch jemand, der nicht zum Haus gehörte. Er hatte kein Zimmer, keine Kammer, ich weiß nicht einmal, ob er eine Liegestatt hatte, ob er nicht auf dem Fußboden schlief...
Neben allerlei Kram, wie er auf jedem Speicher zu finden ist, wurden unter dem Dach Spankörbe gelagert. Darin kamen im Frühjahr die Stiefmütterchen auf den Markt, wurden im Sommer die Gelben Rüben und im Herbst die Äpfel und Pflaumen angeboten.
Aus diesen Körben hatte sich ein Heimatloser eine Wand aufgebaut, ein Stück des Speichers damit abgeteilt, und dahinter schlief er. Am Tag. Denn er war Kellner in einem Nachtlokal, ging abends aus dem Haus und kam in der Früh zurück, wenn die Gärtner an ihre Arbeit gingen.
Manchmal, wenn ich dort oben herum stöberte, konnte ich ihn hinter seiner Wand aus Körben leise atmen hören. Ich wusste, dass er dort schlief, aber ich habe nie hinter diese Mauer aus Spankörben geschaut. Eine selbst errichtete Wand, die im Herbst unweigerlich abgetragen wurde, weil man die Körbe dann brauchte. Es gab keine Tür, an die man hätte klopfen, durch die man hätte eintreten können.

Ich hatte immer Angst vor der Zeit, wenn die Zwetschgen reif wurden. Wohin konnte er dann gehen? Wo war er dann zu Hause? Kann man hinter Körben ein Zuhause haben?
Heute, da ich längst erwachsen bin, denke ich manchmal, dass es eigentlich sehr viele Leute gibt, die hinter einer selbst errichteten Wand aus Körben wohnen. Und dort allein sind. Und dass man vielleicht doch den Mut haben sollte, einmal dahinter zu sehen...

Kinderball fia Lederäpfe...

Im Fasching konn ma vui erleben!
Zum Beispui duad's an Ball da geben,
wo se de „Jugend" treffa ko,
de doch a wengl „reifer" scho.
Ob i dafia in Frage kaam...?
„...bis achtzig" steht drin im Programm.

Am Nammidog, da fangan s' o
und aus sei duad's um zehne scho.
Dabei denk i an „Kinderball"...
Doch der hoaßt „Anno dazumal".
I bin ganz gern a weng varruckt,
drum hätt's mi irgadwia scho druckt!

Des pack i jetzt! Da hol i Karten!
Vorm Schalter muaß i a weng warten.
Vor mir steht grad a „Zwetschgenmanndl",
des waar vom Alter her mei Ahndl.
A „Lederapfe", tausad Jahr,
recht gfoitat, mit schlohweiße Haar.

Wia seine Augen funkeln, blitzen,
recht lustig aus seim Gsicht rausspitzen!
Er hat se grod a Karten kaft
und fragt, wia denn ‚s Programm so laft,
ob s' da a guade Musi ham
damit er oft zum Tanzen kaam.

Und aa, wia's mit de „Madl" stand.
Er selm waar ja no guad beinand,
und daad ganz gwieß ned hocka bleim.
Doch woaß er's aus seim Altersheim,
da wo er wohnt, wo er duad leben,
da daad's fei scho a Glumpat geben!

Er draht se um und mustert mi.
Taxiert, ob i de rechte bi...
So kimmt's ma fia, i wer' glatt rot.
Jetzt fehlt bloß no as Angebot,
dass i mit eahm geh auf den Ball.
Ganz waar er doch no ned mei Fall...

Zu Wort wui i'n ned kemma lassen
und frag des Freilein an da Kassen,
zu dem beschwörend i jetzt hiblick:
„Fia d' „Hoaße Nacht in da Karibik",
ham S' da no was? Drum daad i bitten.
Ganz vornat oder in da Mitten!"

Kannt sei, i schätz' mi jetzt foisch ei,
dua nimmer in da „Mitten" sei
und dass mi so a „hoaße Nacht"
na schafft und schwach und schwindlig macht...
Doch bis zum „Pensionisten-Ball"
da wart' i no, auf jeden Fall!

Nix gega'n „Lederapfe", gwieß,
wenn er, wia d e r so guad drauf is!
Und aa nix gega „tausad Foitn",
wenn drinnat ,s Lacha is festghoitn!
Im Gegateil, i wünsch scho heit,
dass mi da Fasching aa no gfreit,
– is' erst so weit –.

P.S.: Gschriem is de Gschicht scho vor paar Jahr.
I denk, dass i heit so weit waar
gangat recht gern zum Rentnerball,
zum Fasching „Anno dazumal" –
Und kam bei der Gelegenheit
na drauf, dass de Beweglichkeit
scho ganz arg 's Rosten ogfangt hat
und mir der Muat fehlt. Wirkle schad!

Jungbrunnen

Da Werner sagt zur Faschingszeit:
„Mei Frau kimmt a weng späda heit.
De is nämle am Kinderboi!"
I stutz und staun' zunächst amoi
und frag mi, ob i mi vahört,
dass sie am Kinderboi sei werd?

Dann überleg' i ganz fia mi,
und schaug weng gschreckt zum Werner hi,
ob er vielleicht, nach so vui Jahr!
jetzt vo da Gucki gschiedn waar
und hätt se um a Junge gschaugt,
de wo fian Kinderfasching taugt!

A weng verwirrt s' mi scho de Gschicht...
Bis dann da Werner weidaspricht:
„Sie is mim Enkerl auf dem Boi!"
Soo stimmt de Sach' auf jeden Foi!
In meine „zarten Jahr" bin gwen
i aa a Kinderfaschings-Fan
und hoff im stillen jetzt fia mi:
Ois Oma kimm i wieder hi!

P.S.:Zur Oma hab i's zwar ned bracht,
Doch heit no Freid an „Fasel-Nacht!"

April

Er hatte ein angefangenes Lächeln in seinen Mundwinkeln und man wußte nicht recht, ob er es vollenden oder vergessen würde.
Auch sonst sah er nicht aus wie einer von unseresgleichen. Er war irgendwie unfertig und unvollendet und so, als wäre er selber nicht ganz schlüssig, was er wolle.
Auf dem Kopf trug er einen Hut, der halb aus Stroh und halb ein Regenschirm war. Das sah beinahe lustig aus und man hätte es für den neuen Einfall eines Modeschöpfers halten können oder für ein Überbleibsel aus Faschingstagen. Doch diese waren schon seit einiger Zeit vorüber. Und dass einer die närrischen Tage so lange hinauszog?...
Als ich ihn traf, stand er unter einem Apfelbäumchen, das sich gerade anschickte, seine Blattknospen anschwellen zu lassen. Und er? Er griff nach diesen lichtbraunen Kapseln, drückte die eine oder andere und je nachdem öffneten sie sich und zeigten erstes Grün oder aber sie fielen ab und wurden weiß, als wären sie von einem Frosthauch getroffen worden.
Der Geselle, der da so selbstvergessen mit den Knospen spielte, sie betastete und befühlte und um den Baum herumsprang wie ein junger Geißbock, war mehr als merkwürdig gekleidet. Um den Hals hatte er einen flatternden, spinnwebzarten Schal mit buntem Blumenmuster geschlungen – und darunter trug er einen Pelzkragen! Seine Jacke aus regengrauem Stoff hatte nur einen Ärmel. Der zweite Arm war nackt und bloß und schien trotzdem überhaupt nicht zu frieren. Vielleicht weil er an den Fingern einen dicken Fellhandschuh trug? Die andere Hand hatte wiederum keinerlei Schutz, im Gegenteil, es sah aus, als würde er an jedem Finger einen Ring aus Blumen tragen: Veilchen, Gänseblümchen, Vergißmeinnicht – und Schneesterne.
Auch einen breiten Gürtel trug der sonderbare Kerl zu seiner Hose. Der war bestickt mit Hagelkörnern und glitzernden Eiskristallen, dazwischen aber leuchteten goldgelbe Sonnenstrahlen auf und ließen den seltsamen Schmuck auffunkeln.
Die Hose war wiederum mit einem kurzen und einem langen Bein ausgestattet. Das kurze war aus hellem Leinen, das lange mutete eher wie eine Regenhaut an.

Und Schuhe hatte er, Schuhe! An dem langbehosten Bein eine Sandale und an dem kurzbehosten einen pelzgefütterten Winterstiefel!
So ein Individuum hatte ich noch nie gesehen!
Und – ehrlich gesagt: Ich hab's auch nicht gesehen. Ich stelle ihn mir nur so vor. Den April, der jetzt durchs Land zieht und nicht so recht weiß, ob er noch Winter oder schon Frühling ist.
Aber eines weiß ich bestimmt: Sein angefangenes Lächeln in den Mundwinkeln wird er vollenden, nämlich dann, wenn ihn sein Nachfolger, der Mai, ganz sachte zum Monatstürchen hinausschiebt...

Traurige Ostern – Corona

Der Osterhas, in Quarantäne,
verdrückt so manche trübe Träne.
Er darf ja jetzt nicht aus dem Haus!
Das Osterfest fällt gänzlich aus!
Die Hennen legen zwar noch Eier,
jedoch der Laden von Max Meier,
bei dem er sich die Farben holte,
ist zu. Der Bäckermeister Scholte
wird keine Osterlämmer backen.
Da fallen aus der Krone Zacken,
denn auch die Torten, meisterlich,
für die er manchen Preis einstrich,
bleiben in ihrem Urzustand
als Mehl und Fett und allerhand…
Ja, das ist keine Zeit zum Lachen.
Was aber will/kann man draus machen?
An alle guten Freunde schreiben,
sie soll'n gesund und fröhlich bleiben!
Und dies hab ich hiermit getan.
Ich grüße Dich! Bis irgendwann
der böse Virus nicht mehr wichtig.
Dann wird gefeiert! Aber richtig!

Aprui! Aprui!

„Franze kimm, sei doch so nett,
hoi a hoib Pfund Muckenfett.

Laaf in d' Apothekn num,
um a Flaschl Ibidumm.

Bring vom Schreinermoasta Schmid
na a Vierkantkugl mit,
de i gestern bei eahm b'stellt.
Wart, i gib dir glei a Geld.

Und beim Kramer Himsl frag
nach am Gwicht fia d' Wasserwaag!

Was, du hast des glei daspecht,
dass i di heit blitzn mecht?
Da Apruiaff, der waar i?
I soit schaung auf's Datum hi?

Mei, wia hab i mi vadoo!
Moing fangt da Aprui erscht o!"

Pfui!

Es war nach der Walpurgisnacht
und hat das Dorf in Aufruhr 'bracht:

Am ersten Mai am Marktplatz steht
ein Maibaum! Und um den geht's „G'red"
Ein Ärgernis und ein Skandal
war dieser Baum auf jeden Fall!
Der Mast war nämlich *rosarot*!
Vielleicht ein Sonderangebot?
Die Farben weiß und blau warn aus?
So macht man halt das Beste draus...

Das Schlimmste aber, der Skandal,
das waren hier in diesem Fall
die Schilder. Sonst Berufe zeigend,
waren verdächtig pornoneigend.
Sie offerierten Weiblichkeit
ganz pudelnackt und ohne Kleid!
Und dazu noch figurgewaltig,
üppig und rundlich, feistgestaltig!

Sich in der Badewanne räkelnd.
Beim Obst das Angebot bemäkelnd.
Unter der Dusche. Beim Friseur.
Und kaum versteckt, auch beim Verkehr!!!
Das Ärgernis war aber dann,
es standen Namen auch noch dran!

Die Bäckerin, Frau Semmelmehl,
macht aus der Nacktheit gar kein Hehl!
Und Frau Direktor Glaubenicht
zeigte hier ihre Rückansicht.
Dem Metzger Wurster seine Frau
sah man am Ladentisch. Genau
so wie die Milchfrau Weidenglück.
Von der verbarg sich gar kein Stück!

O Gott! Wie war das Dorf verstört.
Eine Gemeinheit! Unerhört!

Die Polizei mit Sägen kam,
schnitten in Stücke diesen Stamm.
Die Täter, fieberhaft gesucht,
waren natürlich auf der Flucht.
Nur dass die dargestellten Damen
klammheimlich ins Revier dann kamen.
Holten ihr Bildnis, gut bezahlt. –
Man wurde selten doch gemalt,
deutlich erkennbar, auch noch nackt!
Das war der Schande letzter Akt.

Als die Empörung sich gelegt,
war man zum Grinsen angeregt.
Man raunte auch, und das ist wahr!
„Der gleiche Maibaum jedes Jahr?!"

An einem Sommertag

Hochsommer. Die Sonne kochte die noch unreifen Äpfel und gab ihnen rote Backen, vor allem, weil sie sich offenbar so erschrocken hatten, dass sie jetzt schon reif werden sollten, wo ihre Zeit doch eigentlich erst mit dem Herbst kam! Aber die Wärme tat gut, auch wenn die Blätter ein wenig müde herabhingen, durstig, genau wie die Menschen, die ihren Schatten suchten, in hellen Scharen an den Badeseen lagerten, eine Kühltasche mit Proviant dabei und ihre Getränke in Boxen verstaut, die mit einem gefrorenen Element zugedeckt waren. Sommer, Sonntag, Freizeit. Zwar noch kein Urlaub, morgen ging es wieder ins Büro, ins Geschäft, in den Laden, dort überall hin, wo sie ihrem Beruf nachgingen, ihr Geld verdienten, das sie auch brauchten, wenn sie ihre Freizeit so genießen wollten. Umsonst ist nichts auf der Welt, so hieß es, aber sich das Leben so schön wie möglich zu machen, das konnte niemand verwehren.
Theresa war allein zu Hause, hatte es sich so bequem wie möglich gemacht, eine weiße Shorts, ein knappes T-Shirt. An den Badesee zu fahren, ohne Auto, das sie schon seit Jahren nicht mehr hatte? Mit dem Rad? Mit dem sie sich inzwischen zu unsicher fühlte? Da war sie längst aus der Übung. Hatte sich nicht mehr zu fahren getraut, als sie in die Großstadt gekommen war. Eine Landpomeranze war sie gewesen, hatte ihre Jugend in einem Dorf verbracht. Dort war Radfahren ganz normal, ins Kino in die Kreisstadt, zum Baden ins Nachbardorf. Aber hier galten ganz andere Kriterien. Außerdem hatte Thea schon bald ihren Mann kennengelernt. Er hatte beim Hausherrn etwas zu erledigen gehabt, man sah sich, fand sich sympathisch, es ergab sich einfach so. Die kleine Liebelei im Dorf, schnell vergessen und verschmerzt.
Inzwischen war Theresa seit zwölf Jahren allein. Ihr Theo hatte eine schwere Krankheit nicht überstanden. Acht Jahre war er älter gewesen, was sich als Nachteil herausgestellt hatte, nachdem Thea mit knapp sechzig Witwe geworden war. Ein Bekannter, den sie bei einem Kuraufenthalt kennengelernt hatte, hatte sie, kaum ein halbes Jahr nach Theos Tod gefragt, ob sie wieder heiraten würde, vielleicht in der Hoffnung, dass sie sich für ihn entscheiden könnte. Ihm hatte sie klipp und klar gesagt: „Auf keinen Fall!" Damit war die Verbin-

dung abgebrochen. Offenbar hatte er keine Geduld gehabt, zu warten bis sie sich eventuell gefangen und in ihrem neuen Leben eingerichtet hatte.
An diesem gewitterschwülen Sonntag hielt sie es auf ihrem Balkon nicht mehr aus. Es war so drückend. Ein leiser Wind wehte bewegte die Blätter des Ahorns, weiße Wolken ballten sich zusammen, es würde ein Gewitter geben, Sturm und Regenschauer, Donner und Blitz und damit auch ein Aufatmen in der dann gereinigten Luft.
Es läutete an ihrer Wohnungstür. Sie hatte keinen Besuch erwartet, niemanden eingeladen. Vielleicht brauchte die Nachbarin etwas, hatte vergessen, irgendetwas einzukaufen? Thea half ja gerne, aber gerade heute, wo sie es sich so gemütlich gemacht, ein wenig vor sich hin gedöst hatte? Zögernd ging sie zur Tür, sah nicht einmal durch den Spion, denn wer sonst, außer der Nachbarin, würde am Sonntag stören?
Draußen stand ein Mann. Nicht mehr jung, vielleicht in ihrem Alter. Shorts, ein buntes Hemd, ein Basecap, einen Beutel umgehängt. Hatte er Schuhe an? Sandalen? So weit hatte Thea noch gar nicht geschaut, sie war erschrocken, einen Fremden vor ihrer Tür zu sehen, am Sonntag. Da fragte er: „Haben Sie eventuell eine Kleinigkeit für mich?"
„Was? Warum?" fragte sie, ein wenig aus der Fassung gebracht. Dass am Sonntag jemand zum Betteln kam, an einem Tag, wo die meisten Nachbarn gar nicht im Haus waren, fortgefahren zu Verwandtenbesuchen, an den Badesee, ins Gebirge, in den Wald. Theresa war erschrocken, außer ihr war niemand auf ihrem Flur. Er hatte wohl auch schon bei den Nachbarn geklingelt und wusste, dass sie alleine hier war. „Ich habe Hunger"; sage er, „und Durst!" fügte er hinzu.
Nur ganz kurz überlegte Theresa. Durst, bei der Hitze, das war nur natürlich. „Gleich", sagte sie und schloss die Tür. Sicher mochte er ein Bier, aber sie hatte keines im Haus. Einen Rosè hatte sie sich eingeschenkt, eisgekühlt, wenig Alkohol, erfrischend. Ein Rest war noch in der Flasche. Sollte sie ihm ein Glas hinaus in den Flur reichen? Vielleicht würde er sie zur Seite drängen, versuchen, einzutreten? Aber musste man immer von allen Menschen das Schlechteste denken?
Theresa sprang über ihren Schatten, egal was sie riskierte, schließlich war sie alt genug und wenn der Mensch da draußen ihr Schicksal sein sollte, wenn es vorbestimmt wäre, dass sie durch seine Hand starb?

Sie schüttelte den Kopf über diese Gedanken. Nach einem Mordbuben hatte er nicht ausgesehen. Auch wenn außer ihr niemand auf ihrem Flur zu Hause war, sie öffnete die Tür, hielt ihm das Glas mit dem Rosèwein hin. Kurz zögerte er, nickte dann dankbar und nahm es entgegen. Mit wenigen Schlucken hatte er es ausgetrunken.
Theresa gab sich einen Ruck. „Kommen Sie am Abend zu mir zum Essen? Ich hab ein Schweinshaxl mit Zwiebelgemüse und Kartoffelknödeln. Ich weiß nicht, ob Sie das mögen, für mich allein ist es immer zu viel, ich würde mindestens dreimal daran essen. Also, wenn Sie wollen, kommen Sie so um halb Sechs. Dann ist alles fertig und Sie können sich vielleicht wieder einmal satt essen?"
Mit staunenden, weit aufgerissenen blauen Augen sah er sie an. „Wirklich? Wirklich?" stotterte er. „Ja, ja, ich komme, ganz bestimmt und gerne!"
Thea schoss die Tür. In zwei Stunden musste sie zu kochen anfangen, wobei, vorbereitet war ja schon alles, nur das Haxl ins Rohr, die Knödel ins heiße Wasser, das Zwiebelgemüse auf die Herdplatte. Vorsichtshalber sagte sie ihrer Nachbarin noch Bescheid, dass sie am Abend einen Gast haben würde, den sie so eigentlich gar nicht kannte. Sie solle ein wenig lauschen auf eventuelle verdächtige Geräusche in der Nebenwohnung.
Der Fremde kam. In Anzug mit Krawatte, rasiert und durchaus ansehnlich. Die beiden hatten einen angeregten Abend, sogar gemeinsame Interessen. Vielleicht könnte sich daraus etwas mehr entwickeln. Das lag an der Zeit und ihrer Laune…

Sommertagtraum

Mit wilden Beeren ist der Busch besteckt.
Grün ist das Gras, in dem mein Leib sich streckt
und milchig weiß sich dir entgegen hebt,
wie Birkenstamm im Wasserspiegel bebt.
Und deine Hände sind mir so vertraut.
Kein Vogel singt, verstummt ist jeder Laut.
Nur du und ich im grün zerdrückten Bett.
Ich bin ein Blatt, vom Sommerwind verweht
und du ein Falter, der da drüber streicht.
Der Sommer hat den höchsten Stand erreicht.
Es riecht nach Heu und Silberfäden spinnt
uns unsre Zeit, die wie ein Quell verrinnt.
Ich glüh' von innen. Sanfter als der Mond
spiegle ich Wärme, die dir innewohnt.
Bin wie ein Licht und leuchte nur für dich.
Aber auch du bist nichts mehr ohne mich. –
Wie eine Uhr, der jeder Zeiger fehlt,
ist unsre Zeit, die viel verspricht, nichts hält.
Ein Sommertag, der in der Hitze flirrt
und irgendwann die Rechnung präsentiert…
Tief steht die Sonne und der Halme Spitzen
verworrne Muster in den Leib mir ritzen.
Glutrot die Bänder, die sich um uns winden.
Sind's nur der Sonne Strahlen, die uns binden?
Gefangen sind wir, teils von unsren Träumen
und hart umarmen Wurzeln uns von Bäumen.
Dem Himmel nah, weil uns die Erde trägt.
Der Erde nah, weil Himmel uns bedeckt.
Sommertagtraum, wie in Kristall gebannt
Spuren von Erde auch in meiner Hand…

Das ganze Leben ist ein Fest!?

Das ganze Leben ist ein Fest
wenn man es recht betrachtet!
Auch wenn's uns manchmal weinen lässt,
ist's Regen, – und ein Härte-Test –,
für den du, wenn du ihn bestehst,
dann einen Ochsen schlachtest!

Auch eine Flussfahrt kann es sein,
bei der man reichlich nass wird!
Du tauchst in Wellentäler ein,
und fühlst dich manchmal sehr allein
bis aufgemacht ein Fass wird!

Denn wenn du gut gelandet bist
und hast es überwunden,
woran du fast gestrandet bist,
dann zählt, was nicht versandet ist,
zum Gold vergangner Stunden.

Es gibt im Leben nichts umsonst!
Und wenn dir was „geschenkt" wird,
sieh zu, dass du die gut entlohnst,
bei denen du im Herzen wohnst
und nie ein „Wirt" gekränkt wird!

Das ganze Leben ist ein Fest!
will's manchmal uns beteuern...
Doch wenn's dich Süßes kosten lässt,
bedenke den oft bittern Rest...
Man kann nicht immer feiern.

Frühlingsfest am See

Heut gibt's a Frühlingsfest am See,
auf d' Nacht, wenn's dunkel werd.
Doch jetzad scho siehgst d' Standln steh
und d' Musi rüberplärrt.

Fia d' Kinder is da Nachmittdog
und fia de oidn Leit.
Für jeden, der grad kemma mog
und hat a wengl Zeit.

An hoibn Euro kost a Los,
des an Gewinn vaspricht!
Und hat da Bua a Fuchzgerl bloß,
droht koana mit'm G'richt!

An Kasperl gibt's der Faxen macht.
A Karussell se draht.
Am Schiaßstand drent a Büchsn kracht.
A Grücherl drüberwaht
nach brennte Mandln und nach Bier,
nach Bratwürscht und nach Kraut.
De Turmuhr schlagt dreiviertel vier,
wia oana 'n Lukas haut.

Sonst werd grad um den See spaziert,
zur Sonntags-Kaffee-Zeit.
Doch heut er zur Kulisse wird!
Wart's nur, boid is so weit!

Scho baun ses auf, geheimnisvoll,
und wen de Neugier plagt,
wer vorher scho was wissen wui,
der werd ganz streng vajagt.
Mogs nachad endle duster wern
und kimmt sche staade de Nacht,
ois Konkurrenz zu alle Stern
werd's Feuerwerk ogfacht!

Des is so farbig, liacht und schee,
laßt Feuerrosen bliahn,
spiaglt se hundertfach im See,
wenn d' Goidstern explodiern.

Und irgadwo im Schuif vasteckt,
schaukelt a winzigs Boot.
Da drin ham zwoa de Liab entdeckt.
Da Himme werd ganz rot!

Das geht zu weit!

Als er auf Freiersfüßen ging, ging er recht scharf ins Zeug. Er versprach ihr, mit ihr bis ans Ende der Welt, durch Dick und Dünn, und für sie durchs Feuer zu gehen! Er scheute sich nicht einmal, krumme Wege bzw. baden zu gehen. Schon sah er sie durch die Lappen gehen, da ging sie ihm doch noch auf den Leim, ins Netz, ins Garn, in die Falle.
Doch wenn er nun glaubte, alles würde glatt über die Bühne und wie am Schnürchen gehen, dann merkte er bald, dass es ihm eher an den Beutel gehen würde. Denn auf Biegen und Brechen ging sie auf's Äußerste. Zuerst war sie ihm um den Bart gegangen, dann ging sie ihm an die Nieren und auf die Nerven.
„Jetzt geht's um Kopf und Kragen!" dachte er, „wenn ich nicht aufpasse, geht alles in die Binsen und ich geh vor die Hunde!" Langsam sah er alle seine Träume flöten und in die Brüche gehen. Damit sie nicht an die Decke ging, ging er wie auf Eiern, wenn er nach Hause kam. Dieses Verhalten ging ihm zwar sehr gegen den Strich und nicht leicht von der Hand, aber er war nicht bereit nach Canossa zu gehen. Oft wünschte er, sie würde dahin gehen, wo der Pfeffer wächst! Oder noch besser gleich zum Teufel! Was sie sich leistete, ging auf keine Kuhhaut und über seine Hutschnur. Wohlmeinende Nachbarn flüsterten ihm zu, sie würde fremd und auf den Strich gehen. Das ging entschieden zu weit!
Die Vorstellung allein ging ihm durch Mark und Bein. Jetzt musste er sich entscheiden: Es ging um die Wurst. „Ja, ja", seufzte er, „wenn dem Esel zu wohl ist, geht er aufs Eis! Ach wenn sie doch endlich den Weg allen Fleisches gehen würde!" Doch über diese Brücke wollte sie absolut nicht gehen!
Am Ende der Geschichte ging er auf dem Zahnfleisch.
So kann's gehen, wenn alles schief geht!

Eine immergrüne Liebe

Ein Lied aus dem Mittelalter behauptet „Nach grüner Farb' mein Herz verlangt..." Gemeint ist damit natürlich nicht ein Topf voll grüner Farbe, mit dem man eventuell eine Gartenbank anstreichen oder ein Zimmer ausmalen könnte. Es spricht vom Grünen der Natur und hofft, dass sich das triste Weiß-grau des Winters bald wandelt und man wieder unterm grünen Blätterdach, unter den Bäumen lustwandeln kann.
Ist es nicht auch heute noch so, dass unser Herz, unsere Augen, unser Sinnen immer wieder nach dem Grün verlangen? Ein Garten, ein Gärtchen, ein Fleckchen Wiese, so mancher möchte das sein Eigen nennen. Wie sehr lockt ein Wald, ein Park, eine Grünanlage, sich darin zu entspannen und wie viel Grünes und Blühendes! hat in unserem Sprachgebrauch seinen festen Platz gefunden.
Nicht nur, dass man so manches lieber durch die Blume sagen möchte oder auch mit Blumen. Blumen als Boten von Gefühlen. Bäume als Symbole für Beständigkeit: stark wie eine Eiche. Wenn uns jemand etwas „unverblümt" sagt, dann ist er uns nicht grün, dann spricht er sehr direkt, nichts wird durch das Überreichen eines Sträußchens gemildert.
Vielfältig ist die Blumensprache. So gelten Veilchen als Sinnbild der Bescheidenheit und die Rose spricht von Liebe. Dabei unterscheidet man dann auch noch nach ihrer Farbe. Rosen sind aber ebenso das Sinnbild der Verschwiegenheit. Wenn bei einem römischen Gastmahl eine Rose von der Decke hing, bedeutete das, dass die Gespräche, die hier geführt wurden, vertraulich zu behandeln waren.
Sagt uns jemand, mit dem, was wir vorschlagen, wäre kein Blumentopf zu gewinnen, nun, dann ist eine Sache ziemlich aussichtslos.
Auch wenn irgendwo der Bock zum Gärtner gemacht wird, sieht es für den Garten nicht sehr gut aus, da wurde der Ungeeignetste mit einer Aufgabe betraut. Ein Gärtner soll die Gewächse hegen und pflegen, ein Ziegenbock hingegen zertrampelt die Beete und frisst die Pflanzen ab.
Sollte allerdings jemand das Gras wachsen hören, ist er entweder besonders schlau oder er kommt sich so vor. Mancher kann dann von Glück sagen, wenn darüber Gras gewachsen ist. Und wenn irgendwo

kein Gras mehr wächst? Nun so ist dort ziemlich rabiat vorgegangen worden, eventuell musste sogar jemand ins Gras beißen und nun deckt ihn der grüne Rasen. Tja, da haben wir den Salat!
Wie froh könnte man sein, wenn einem etwas blüht, wenn nicht auch dieser Ausspruch eher das Gegenteil des wörtlichen Sinnes aussagt. Manchmal ist eben gegen ein Pech kein Kraut gewachsen!
Wenn jemand seinen Garten oder sein Leben wie Kraut und Rüben beieinander hat, herrscht wohl bisweilen ein ziemliches Chaos. Meist ist er nicht auf Rosen gebettet. Vielleicht hat er zu viel mit der Gießkanne beregnet? Was bedeutet, dass er sein Geld, oder auch seine Fähigkeiten, wahllos vergeudet hat. Und auf keinen grünen Zweig mehr kommen wird! Nun ist er geknickt wie eine Lilie.

Da wäre es vielleicht am besten, seine sieben Zwetschgen zusammen zu packen und ins Grüne zu fahren! Wenn man schon kein Häuschen mit Garten hat...
Nach grüner Farb mein Herz, unser aller Herz!, verlangt! Denn: wurde das erste Menschenpaar nicht aus dem Paradies, dem Garten Eden, vertrieben und blieben daher die ewigen Sehnsüchte nach ein bisschen Grün? Sei es auch nur eine einsame Geranie im Balkonkistl hoch unter der Dachluke, am Fenster der winzigen Wohnung dort oben? Warum stellt sich der Herr Abteilungsleiter sein ganzes Bürofenster mit Kakteen voll, in einem Regal das von oben bis unten in diverse Etagen aufgeteilt ist? Weil er selber manchmal so unnahbar und stachelig ist? Oder weil er sich einigeln will?
Ein Fensterbrett ohne Topfpflanze ist ein unausgefülltes Fensterbrett. Ein Blick aus dem Fenster, nur auf andere Häuser, auf Betonblöcke? Kein erfreulicher Anblick.
Sie ist uns wohl aus „paradiesischen Zeiten" mitgegeben, diese immergrüne Liebe.

Blumige Gedichte

Gänsebleamen

Wia gern möcht ma am Glück begegnen,
und dann soit's rote Rosen regnen!
Doch ‚s Leben duad oam ned vui schenken...
Bei Rosen hätt i aa Bedenken,
wirft s' oam as Schicksal so in's Gsicht,
dass ma se dro dakratz und sticht.
Drum is ma, wenn ma wählen ko,
mit Gänsebleamen besser dro.
I moan, foit ‚s kloane Glück oam zua,
und des recht oft, werd's aa vui gnua!

Heckenrosen

Heckenrosen san wia Kinder
hinterm Gartenzaun:
Wiang se, biang se, schaukln, locken.
So gern mecht i oane brocken!
Derf i mi des traun?

Heckenrosen san wia Kinder,
de di tratzn woin:
se vasteckn, hinter Hecken,
lachan, neckn und dableckn.
Hab a Zweigerl gstoin.

Heckenrosen in meim Zimmer,
traurig wia a Kind,
dem ma ‚s scheenste Spuizeig gnomma,
's Liacht, as Lebn, d' Freid am Somma
und am Sommerwind.

Buntes Gärtchen

Mir wuchs ein hoher Rittersporn
in meinem kleinen Gärtchen.
Ein Ritter hatte ihn verlorn
und spornte deshalb voller Zorn
sein kleines, blaues Pferdchen.

Mir wuchs ein wilder Löwenzahn
und streute seine Sternchen.
Die wehten alle himmelan.
Und kreuzten sie vom Mond die Bahn,
nahm der sie auf sein Hörnchen.

Mir wuchs ein gelber Hahnenfuß
und scharrte hinter Hecken.
Nicht weil er sich verstecken muss!
Er wünschte sich nur einen Kuss.
Damit sollt' ich ihn wecken.

Mir wuchs blutrot, blutrot ein Mohn
und klatschte in die Hände.
Die wurden auch ganz rot davon.
Trotzdem hörte man keinen Ton.
Er fand schon bald sein Ende.

Ich weiß nicht, was mir sonst noch blüht
in meinem kleinen Garten.
Die Glockenblume spielt ein Lied.
Die Königskerze hell erglüht.
Veilchen verduften sich verfrüht,
Der Fingerhut sich überzieht.
Lavendel riecht so stark nach Süd...
Ich werd des Schauens gar nicht müd'
und will auf alle warten!

Die Reise nach Wien

Das Telefon läutete. Einmal, zweimal, vier-, fünfmal. Dann hob Elisabeth Wagner ab. „Hallo?" Ihren Namen nannte sie nicht, es kamen zu viele Werbeanrufe oder verdächtige Angebote.
„Hallo, Lissi, ich bin's!"
Ihre Freundin Elli. „Ja? Was gibt's?"
„Was machst du grade?"
„Ich versuche Rätsel zu lösen und scheitere an der Hauptstadt von Tatschikistan oder am Nebenfluss des Irwitscht. Außerdem sehe ich hin und wieder fern, irgend so einen Langweiler, bei dem ich meistens einschlafe. Und der Schlaf geht mir dann in der Nacht ab, ich liege stundenlang wach. Warum, was gibt's?"
„Ich wollte dich fragen, ob du Lust hast, einmal zu unserem Künstler-Stammtisch zu kommen."
„Ich bin doch kein Künstler, keine Künstlerin, da gehör ich doch nicht dazu!"
„Doch, das bist du. Du zeichnest recht hübsch, hast sogar schon eines oder ein anderes deiner Bilder verkauft."
„Recht hübsch. Na ja, es ist für mich halt ein Zeitvertreib. Ich habe auch schon länger nichts mehr gemacht."
„Du lässt dich hängen und das ist gar nicht gut! Du musst wieder unter die Leute!"
„Ich hab keine Lust, keinen Auftrieb. Seit Hannes nicht mehr da ist..."
„Lissi, du musst das endlich akzeptieren! Du hast alles was möglich war für ihn getan. Gegen seine Krankheit bist du nicht angekommen, er musste gehen. Schlimm, so lange vor seiner Zeit.. Obwohl, es war vielleicht doch seine Zeit. Darüber können wir nicht diskutieren und nicht bestimmen. Aber er hätte auf gar keinen Fall gewollt, dass du dich selber vergisst. Du lebst noch!!! Dann mach was draus! Nächste Woche am Freitag ist unser Stammtisch, ich bin auch dort, obwohl ich ja nun überhaupt keine Künstlerin bin. Ein Kollege hat mir vorgeschlagen, einmal mit ihm dorthin zu gehen und ich muss sagen, es gefällt mir gut, sehr gut. Lauter nette Leute, zumeist Männer, keiner mehr taufrisch, aber das sind wir auch nicht. Bis jetzt bin ich die einzige Frau dort. Zwei, die früher dabei

waren, können nicht mehr kommen, eine ist im Heim, in einer Seniorenresidenz und die andere ist zu ihrer Tochter in die Pfalz gezogen. So ein bisschen weibliches Element fehlt den gestandenen Herren! Und von wegen „Künstler"! Einer ist ein recht guter Fotograf, ein andere malt, aber nur für den Hausgebrauch. Einer versucht sich als Schriftsteller. Hat zwar recht gute Ideen, aber keine Abnehmer dafür. So hin und wieder erscheint etwas in einer Zeitschrift, aber leben kann er nicht davon, ihm bleiben auch nur die Träume von der großen Entdeckung. Aber er denkt durchaus positiv und ist nicht verbittert, ein netter Kerl, wirklich. Lissi, komm doch nächsten Freitag, es wird dir gefallen. Und wenn nicht, ist doch auch nichts verloren. Dann war's halt ein Versuch. Du musst wieder unter die Leute! Glaub mir!"

Nur zögernd hatte sich Elisabeth die Adresse notiert. Ein kleines Lokal, in dem sie schon einmal gewesen war. Bestimmt kein In-Schuppen, aber, na ja, das musste es ihretwegen auch nicht sein. Anschauen konnte sie es sich, unverbindlich.

Elli hatte vor dem Eingang auf sie gewartet, um ihr Schützenhilfe zu geben, sie einzuführen und vorzustellen. Drei Männer waren schon da. Keineswegs als „Künstler" erkennbar. Weder bärtig noch langhaarig, einfach drei – ja eben – einfache Menschen, die sie zuerst ein wenig gemustert, aber dann gleich in ihren Kreis aufgenommen hatten. Elli war ja ihre „Patin". Die Gespräche wurden durch das Erscheinen der beiden Frauen kaum unterbrochen. Sie waren da, na gut, ein passender Gesprächsstoff würde sich schon irgendwann, irgendwie ergeben.

Willi, weißhaarig mit blassblauen Augen, hatte ihr gleich die Hand hingestreckt, seinen Namen genannt, nur seinen Vornamen, und gleich gesagt: „Wir sind hier alle per Du. Schön dass D' da bist. Neben mir is no frei, wennst magst."

Nur kurz hatte Lissi gezögert. Elli war schon an ihren Stammplatz gerutscht und da war es nun zu eng für ihre Freundin Lissi. So setzte sie sich also neben Willi. Sonst hatte niemand so direkt von ihrer Anwesenheit Notiz genommen und so sah sie sich die anderen beiden an. Rudi mit der dicken Brille. Was er wohl machte? War er Maler? Felix nahm einen tiefen Schluck aus seinem Bierglas. Lissi fühlte sich nicht fehl am Platz, nicht so direkt unbeachtet, aber auch nicht ausgefragt,

vielleicht hatte Elli schon früher einiges über sie erzählt. Dann sagte Felix so ganz nebenbei: „Nächste Woch' fahr ich für zwei, drei Tag nach Wien, geschäftlich."
Mit einem leichten Seufzer bemerkte Lissi: „Wien! Da möchte ich gern einmal wieder hin. Ist schon ewig her, dass ich dort war!"
Felix nickte ihr zu. „Dann komm halt mit!"
Lissi blieb die Luft weg! Sie sollte mit Felix? Wo sie ihn doch noch gar nicht kannte, nichts von ihm wusste. Mit ihm nach Wien? Einfach so und spontan? Das ging doch nicht!
Elli, die gegenüber saß, nickte ihr zu. „Das machst! Der Felix is ein anständiger Kerl, dem kannst du dich bedenkenlos anvertrauen!"
Noch schüttelte Lissi den Kopf, zögernd, überlegend. Felix meinte. „Überleg dir's. Ich hab dort zu tun und du kannst deine Zeit nach deinem Geschmack nutzen, dir die Stadt ansehen, ins Kaffeehaus gehen, zu den Lipizzanern, was d'halt magst. Du musst auch niemanden fragen, hat Elli schon erzählt. Also sag ja oder nein, ich nehm dich gern mit. Und wennst nicht willst, auch gut."
Lissi musste schlucken. Dann gab sie sich einen Ruck. Ein Abenteuer, lang nicht mehr erlebt. Sicher war alles ganz harmlos. Er hatte ja die ganzen Tage irgendwelche Besprechungen, sie hatte dann ihre freie Zeit, konnte tun und lassen, was ihr gefiel. Und war in Wien!
So nickte sie. „Gut, gut, wenn ich nicht störe, dann fahre ich mit."
„Du störst ganz bestimmt nicht und ich bin überzeugt, du kommst auch ganz gut allein zurecht. Ich weiß nicht, wie lange meine Konferenzen dauern, so hin und wieder werden wir vielleicht doch zusammen zum Essen gehen können, aber verlassen kannst du dich nicht darauf. Wie gesagt, du wirst ein vollkommen freier Mensch sein. Allerdings muss ich übermorgen schon weg. Geht das bei dir in Ordnung? Ich würde dich in der Früh so zwischen sechs und sieben abholen, dann fahren wir los, damit ich zu der ersten Besprechung gegen 10 Uhr schon an Ort und Stelle bin. Passt das so?"
Lissi nickte, fühlte sich zwar etwas überrumpelt, aber hatte Elli ihr nicht vorgeworfen, zu wenig spontan zu sein? Jetzt wollte sie es sein. Allerdings, sie musste ja noch einen Koffer packen, was nahm sie mit für die drei, vier Tage?
Als hätte Felix ihre Überlegungen gehört, ein Gespür dafür gehabt. „Nur einen kleinen Koffer, nicht Aufwändiges. Du wirst die meiste

Zeit allein unterwegs sein und groß ausgehen am Abend, ist auch nicht drin. Vermutlich werde ich sowieso zu müd dafür sein."
So war also ausgemacht, dass er sie am Donnerstag in aller Früh abholen würde. Ihr Köfferchen war schnell gepackt und sie sah diesem „Abenteuer" mit klopfendem Herzen entgegen.
Pünktlich zum ausgemachten Zeitpunkt läutete es an ihrer Tür. Sie nahm ihren Koffer auf, der parat in der Diele gestanden hatte, sah sich noch einmal um, alles war ausgeschaltet, keine Herdplatte war an, alle Fenster geschlossen.
Felix stand vor der Tür, nahm ihr den Koffer ab – und hatte ein Lastenrad dabei, so eines, mit dem früher die Bäckerjungen ihre Waren an die Kunden lieferten. Etwas befremdet sah sie ihn an. „Ich weiß, dass ich um diese Zeit vor deinem Haus keinen Parkplatz finden werde. Mein Auto steht ein paar Straßen weiter. In den Gepäckkorb kommt jetzt dein Koffer. Ich fahr und du setzt dich auf den Gepäckträger. Für die kurze Strecke wird das schon gehen. Das Radl nehmen wir mit, dann bist du in Wien vielleicht etwas mobiler." Sie sollte Wien also per Fahrrad erkunden? Davon war sie nicht so erbaut oder überzeugt. Aber sie würde ja, wie er gemeint hatte, sowieso die meiste Zeit allein unterwegs sein.
„Hast du ein Hotel gebucht?" fragte sie etwas verunsichert, als sie schon unterwegs waren. Wenn er nun ein Doppelzimmer…?
„Kein Hotel!" sage er. „Ich habe in der Nähe von Wien eine kleine Wohnung. Dort werden wir logieren. Die Anbindung an die Stadt ist recht gut, ein Bus fährt jede halbe Stunde in die City. Aber du hast ja dann auch noch das Rad, bist also völlig unabhängig."
Ein Haus hatte er vor Wien? Davon war nie die Rede gewesen – und komischerweise war die Fahrt nach Wien recht kurz. Man konnte doch unmöglich in eineinhalb Stunden in Wien sein! Aber er sagt: „Wir sind da!" und deutete auf ein Haus, das mehr oder weniger ein Häuschen, um nicht zu sagen eine Hütte, war.
„Wir sind doch nicht in Wien?"
Er grinste. „Hast du das Ortsschild nicht gesehen?" Er zog einen Plan aus der Tasche und deutete auf einen Ort. Tatsächlich, der hieß Wien!
„Aber ich…."
„Tja, du. Du hast gedacht, wir fahren in die Hauptstadt von Österreich. Davon war aber nie die Rede. Ich musste nach Wien und da

sind wir jetzt. Sei nicht enttäuscht, ich verspreche dir, dass es dir gefallen wird, ganz bestimmt. Du bekommst das schönste Zimmer in meinem Häuschen. Ich muss allerdings erst einheizen, damit wir es warm haben. Hoffentlich ist noch genug Holz vor der Hütte. Täglich duschen wird auch nicht gehen, Es dauert sehr lange, bis das Wasser warm genug ist. Aber Elli hat gesagt, dass du ein einfaches Gemüt bist, das aus allem das Beste machen kann. Ein bisschen aufräumen wäre auch nicht schlecht. Ich war ja schon lang nicht mehr da, er wird wohl etwas staubig sein in der Stube. Der Kühlschrank war ausgeschaltet, wir müssen unsere Lebensmittel-Mitbringsel zuerst einmal auf dem Balkon lagern, zum Glück ist es dort gut kühl, er liegt auf der Nordseite. Na ja, und frische Bettwäsche, ich weiß nicht…"

Lissi schluckte ihre Enttäuschung hinunter. Jetzt war sie da, in Wien, wenn auch nicht in dem Wien, das sie sich gewünscht hatte. Er sah sie so treuherzig an und dann lachte er los.

„Madl, du bist ein Schatz! Jede andere hätte mir eine runter gehaut, auf dem Absatz kehrt gemacht. Eine Bahnstation ist übrigens nicht weit weg, du könntest mit wenigen Schritten dort sein und mit dem nächsten Zug zurück oder auch nach Wien fahren und mich einfach stehen lassen. Es war eine Wette", sagte er dann, „ein Test, wie du reagieren würdest, wenn ich dich so auflaufen lasse. Du hast gut reagiert, du passt in unseren Kreis. Und jetzt komm, steig ein, wir fahren nun wirklich nach Wien, ins richtige, echte, und ich will und werde dir alles zeigen, was dich interessiert. Es sollen drei Tage für dich sein, die du nicht vergessen kannst!"

Lissi sah ihn an, ein paar Tränen liefen ihr über die Wangen. Aus Enttäuschung oder aus Erleichterung? So ein Filou! Aber sie war bereit, das Spiel mitzumachen. Und schon überlegte sie, wie sie ihn auflaufen lassen konnte. Denn Rache ist süß! Ihr würde schon etwas einfallen. Zuerst einmal Wien, zusammen mit ihm!

Lass mich…

Lass mich dich lieben an all unsern Tagen,
denn keiner von uns kennt das Ende der Zeit.
Hoffnung befiehlt uns oft, alles zu wagen.
Aber wir zögern und sind nicht bereit.
Auch wenn wir sicher sind: Gar nichts kehrt wieder
und was verging ist für immer vorbei,
singen wir gern noch die uralten Lieder
von Liebe und Freude und Frühling und Mai.

Ist das Gewebe auch dünner geworden,
schlissig der Faden, der bindet uns zwei.
Müssen wir deshalb die Träume ermorden?
Ist den für sie gar kein Plätzchen mehr frei?
Lass mich doch träumen und hoffen und warten,
ist's auch vergeblich. – Nimm mir nicht den Mut!
Ist nicht die Hoffnung ein blühender Garten?
Und wer ihn sich pflegt, immer gut daran tut.

Dich stets zu lieben, kannst du nicht verwehren.
Du kennst doch auch nicht das Ende der Zeit!
Die könnte mich eines bessern belehren…
Heute ist heute – und morgen ist weit!

Jetzt pressiert's!

Zwei Freundinnen aus Jugendtagen
haben sich immer was zu sagen.
So sitzen abends sie beim Wein,
da fällt der einen etwas ein.

Sie seufzt:
„Fia di is des bestimmt nix Neis.
Gern hätt i gheirat, ganz in Weiß!"
Die andre lächelt in sich rein.
„Tja, Heidi, 's hat nicht sollen sein.

Und duasd jetzt wirkle no oan auf,
vui gib i freile da nix drauf,
nachad pressiert s', des woaßt genau,
denn so allmähle werst scho grau!"

Nach der Hochzeit

Jetzt dean ma d' Gschenker moi sortiern
und Stück für Stück aa nummeriern.
Dann leg' ma no a Listn o,
damit ma oiwei feststelln ko,
von wem was is. Na pack ma's ei.
In d' Kistn kimmt's, ins Kammerl nei
De Vasn, wo da Augn dean weh,
is von da Tante Dorothee.
De Glasl mit de Weinlaubranken,
dean mia da Helga Schmid vadankn.
Die Uhr mit dem Westminster-Schlag,
de kimmt vom Kurti, ohne Frag.
De Katzenkanna fian Kaffee,
war da Tant Betty ihr Idee.
Den Bierkrug mit Musik, a Witz,
den ham ma kriagt vom Onkel Fritz.
Den Öldruck mit'm Kölner Dom,
den hat uns gschenkt dei Bruada Tom...

Jetzt ham ma's da, de Scheußlichkeiten,
de so guad gmoantn „Kloanigkeiten"!
Ja, wenn ma s' weiterschenken kanntn!
Na waarn s' verärgert, de Verwandten.
Kimmt oans davo zu uns auf Bsuach,
na schlagn ma nach in unsam Buach
und suachan nach in unsre Listn,
holn sei Geschenk raus aus da Kistn,
stell's auf, damit er siecht, wia gern
mia sei Sach ham und wia mia's ehrn.
Wenn er na geht, na raam ma's weg,
na kimmt's retur in sei Vasteck.

Drum miaß ma jetzt de Listn macha
dass allaweil de rechten Sacha
zur rechten Zeit aa san parat,
dass jeder Spender Freid dro hat!
An Trost ham mia bei dera Gschicht,
das d' Vasn, 's Glas, de Kanna bricht!
Und hoffentlich san na de Leit
a wengl geiziger ois heit
und schenkn ned des gleiche wieder,
ois Trost, Ersatz! Des waar fei zwider!
Weil mia do gar aso dro hänga! –

A Albtraum waar's! Des konnst da denga!

Feste Feste feiern…

Dem Menschen liegt's in der Natur,
dass er gern Feste feiert.
Nicht die aus dem Kalender nur,
er hat sich in des Jahres Tour
selbst welche beigesteuert!

Bei Festen galt es immer schon:
zu feiern, wie sie fallen!
Vielleicht bekommt man eins zum Lohn?
Am meisten hat man dann davon,
feiert man nicht mit allen.

Der kleinste Kreis – bin ich allein.
Auch das macht manchmal Freude.
Besonders schön ist es zu zwein.
Doch dürfen es auch mehr noch sein,
Hauptsache: Nette Leute!

Weibliche „Liebeszeiten"

Wennst di mit fümfe valiabst
– d' Madl san a weng eher dro –
und du wuist deim Kindergartenfreind so a richtig nass'
Bussl geben,
dann rennt er davo und trenzst: „Mama, Mama!"

Wennst di mit fuchzehn valiabst,
dann muaß ER um zehn Jahr älter sei,
damitst mit eahm was ofanga konnst.
Aber er derf mit dir nix ofanga.

Wennst di mit fümfazwanzge valiabst,
dann denkst da: „Ausgrechnet jetzt,
 wo i grad mit meiner Karriere ogfangt hab!"

Wennst di mit fümfadreißge valiabst,
dann hast ganz laut dei biologische Uhr klingeln ghört
und woaßt, dass höchste Zeit is.

Wennst di mit fümfavierzge valiabst,
dann duad des richtig weh,
weilst ned auskonnst
und mit de Kinder wia ognaglt bist.

Wennst di mit fümfafuchzge valiabst,
dann is des wia a scheens,
warms Bad mit vui Schaum,
den ER gschlagen hat.

Wennst di mit fümfasechzge valiabst,
da woaß i nix zum berichten, weil so oid bin i no ned. –

Nach einer Idee von Helmut Eckl

Da Weiberer

D' Resl hockt auf da Gartenbank und reat.
Da kimmt d' Rosl vorbei und mecht s' ausfratschln: „Was bleckst denn so?"
„Mei", sagt de Res und kriagt an Schnaggler, „da Gust is ma auf und davo!"
„Dem brauchst doch ned nachtrenzn!" moant de Rosl gschnappig.
„Des werd a so a Weiberer sei, so a nixnutziger!"
„Was woaßt denn du!" werd de Resl bollisch. „Is er ebba mit a andern gschobn?"
„Des derfst glaam! Drei Jahr warn mia beinand und er hat nembei da Fini, dera Zuchtl, an Bratn in d'Reina gschobn, der Schlankl! Dem brauchst koa Zacherl ned nachewoana! So wia i den Schliffe kenn, den ungschliffana, hat er se bei dir, bei da Wirts-Res, aa no ograst wia a Schlauderaff und war Moasta im Oweschlindn!"
„Jetzt wo's das du sagst, kimmts ma aa so via, dass er nix war, ois a noodiga Haislschleicha, der se bloß belzn mog, a windiger Loder. Dem seine Pflanz daspecht i langsam, bei dem is ja nix dakennt".
„Gell, hastas allbot daschmeckt mit deim Himmeschnuferl, dass der scho boid zum Gschmoaß zählt und nix hoit vom Schinagln. I moan,, sie ham eahm sogar amoi beim Krampfln dawischt".
„Wasd ned sagst! Da bin i ja ganz daloawed, da kannt ma doch glei fuchtig wern! Und dabei is er aso a zerms Mannsbuid in da kurzn Wix, mit seiner Loiferl und de broadn Trittling. Und sein Dietsche, wenn er den schäbs übern Ohr hat … Moanst, der Blatschare, den er an da Uhrkettn hänga hat, den hat er aa irgadwo abgstaubt?"
„Der nutzt doch a jeds Schanzerl, der aufgstellte Mausdreck!" sagt die Rosl gschnappig.
„I kanntn glatt dagarma! Jetzt bin i richtig pelzig auf eahm und ausgschissn hat er bei mir ratzeputz. Den wen i nomoi triff, den stampert i zam, dass er in koan Schlappschuah mehr eina passt! Und an Bläschl streck i eahm raus, soooo lang!"
Damit steht die Resl auf und geht ins Haus.
„Jetzad zwozzlt s' davo, de rasse Ziefern, der oide Rumplkastn!" kudert de Rosl, schutzt a weng an ihm Schnürleiwe und is hudre wudre aa davo. Dabei hat s' ganz drauf vagessn, dass es Botschamperl hätt ausleern soin – was ja eigentle über da Resl doch do hat…

's Obststandl

Deandl, kloans Deandl, lass mir mei Ruah.
Dei Muatta werd wartn. Hast du koa Uhr?

Deandl, kloans Deand, wia bin i denn dro?
Was schaugst mi den gar aso schwarzaugat o?

Backerl wia Äpfe, rosig und rund.
Rot wia a Herzkirschn, so leucht dei Mund.

Und wenn beim Schnaufa dei Miada se strafft,
siehg i zwoa Pfirsich, so frisch, voller Saft.

Da Mond webt an Schimmer um deine Haar.
Kloa, Deandl, bist nimmer, dees werd ma da klar!

Du hast mit deim „Obststandl" zuawe mi g'lockt.
I wui da erscht sei, der d' Herzkirschen brockt!

Des rechte Gspann- erst dann!

Sie san scho ganz a bsondre Freid!
Geb ses nur zua! – De Weiberleit!

Wenn s' eich aa tratzn, bentzn, schindn,
waarn sie ned da, miasst ma s' erfinden!

Zerscht is eich d' Rippen gnomma worn,
na kriagt ses zruck: In schönster Form!

Und deszweng i ganz sicher bin:
A Frau is oiwei a Gewinn!

Dee „Zuawaag", de zum Mannsbuid ghört,
damit er echt „vollkommen" werd?

Mecht oana wia a Mustang sei,
draußd in da Wildbahn und ganz frei,

vergisst er: Dee nur machan ‚s Rennen,
da a Dressur, a Peitschn kennen!

Dass oiwei der a Sieger wird,
den liebevoll a Hand geführt.

Und dass ma mit am jeden Karrn
zwiespannig duad vui besser fahrn!

So gibt a Frau – mim rechen Mo –
a Gschpann, des oiwei gwinna ko!

Kontaktanzeige

Frau Burger hat ein Rendezvous
Der Kerl sieht sehr gut aus.
Schon im Cafe sind sie per Du
und sie, sie fragt ihn aus:
Dass du die Anzeig' nötig hast,
kann ich fast nicht verstehen!
Gibt es denn keine, die dir passt?"
„Na ja, es tut schon gehen.
Mir laufen manche hinterher,
die Männer und die Frauen …"
„Ja sag mal, bist du vielleicht wer?
Wills du's mir anvertrauen?
Bist du ein Filmstar? Prominent?"
Er lächelt leicht verlegen.
„Ein jeder, der mir nacherennt,
der tut's nicht meinetwegen.
Ich fahr den Bus der Linie neun.
Ich hoff, du kannst mir des verzeihn!"

Kleine Münze

Ein Lächeln, als „Kleingeld des Lebens",
verschenkt man nur selten vergebens,
weil sich der Beschenkte zumeist
nicht als säumiger Schuldner erweist!

Vielleicht musst du dich überwinden,
um die richtige „Münze" zu finden?
Auch wenn dir das Lachen vergeht,
für ein Lächeln ist's selten zu spät.

Musst du dir Verzeihung erbitten,
tu's lächelnd! Denn ganz unbestritten
bekommst du's zurück. Weil sich's spiegelt
im andern, die Laune beflügelt.

Ein Lächeln lässt Sonne dich spüren.
Man kann damit sanft resignieren.
Man kann, was vergangen, verschmerzen.
Nicht Oere zählt's und nicht Sesterzen.

Weltweit gibt's dafür keine Währung.
Ein Lächeln braucht keine Erklärung.
Verschenk es! Und es kehrt zurück,
als „Anzahlung" vielleicht für Glück...

Glückstrick

Weißt du denn, dass du glücklich bist,
im Augenblick, da du es bist?
Man weiß doch niemals, dass man's ist,
weil man die Zeit um sich vergisst...

Man weiß erst, wann man glücklich war,
dann, wenn das Glück einmal vergangen.
Und wenn man, aller Freuden bar,
den Weg alleine fort gegangen.

Glück blüht nur eine kurze Frist,
muss wie ein Blumenblatt vergehen.
Drum glaube, dass du glücklich bist!
Ob du es warst? Du wirst es sehen.

‚s ist wie ein Baum. Der, wenn er fällt
mehr Lärm macht, als ein ganzer Wald,
der wächst – und dabei stille hält.
Der, als er war, fast gar nichts galt.

Genieß das Glück des Augenblicks!
Auch wenn du glaubst, es wär' grad keines.
Damit erlernst du auch die Tricks,
dass groß du machst dir ein ganz kleines!

Eine wertvolle alte Tasche

Frau Hedwig Tausend war die Kassiererin in der kleinen Filiale der Raiffeisenbank in Westerkirchen. Und das schon so viele Jahre, dass man sich den mit Panzerglas gesicherten Kasten, hinter dem sie stand, Geld abzählte und ausgab oder einnahm, ohne sie gar nicht vorstellen konnte.

Sie war stets streng und korrekt gekleidet, meist in Grau, Braun oder Dunkelblau, aber immer mit einer blendend weißen Bluse oder zumindest einem ebensolche Krägelchen, oft auch Rüschen. Weil man von ihr hinter der Ausgabetheke nicht mehr als ihren Oberkörper sehen konnte, wusste man natürlich nicht, wie lang ihre Röcke waren, ob sie gar Hosen trug, und auch nicht, in welcher Art von Schuhen ihre Füße steckten. Hochhackige würden es allerdings kaum sein.

Sie war schlank, beinahe mager, aber immer wohlfrisiert und ihre Hände gepflegt, die Fingernägel lackiert, allerdings farblos.

Zu den Aufgaben von Frau Tausend gehörte nicht nur die Kasse und die Bargeldverwaltung der Raiffeisenbank, sie war auch für die korrekte Abrechnung nach jedem Arbeitstag zuständig und dann für die Weiterbeförderung der eingenommenen Gelder zur nächstgrößeren Bankfiliale. Dafür hatte sie eine dezente Krokoledertasche, die allerdings im Laufe der Jahre schon ein wenig abgewetzt war und nicht mehr besonders gut aussah. Nie aber traf man die Kassiererin mit einer anderen Tasche, es schien beinahe so, als hätte sie kein weiteres Modell, denn auch in ihrer Freizeit, wenn sie sonntags spazieren ging oder Besuche machte, trug sie immer die gleiche Tasche mit sich.

Frau Tausend war so unauffällig, man war ihren Anblick so gewohnt, dass man sich gar nicht vorstellen konnte, dass sie eines Tages in Rente oder Pension gehen würde und nicht mehr an der Kasse stehen könnte. Aber dieser Tag kam natürlich. Vorher passierte aber noch etwas, das heißt, gar nicht einmal vorher, nur. –

Ab jetzt wird's ein wenig kompliziert.

Schon seit geraumer Zeit war Hedwig Tausend beobachtet worden. Man eruierte ihre Gewohnheiten, folgte ihr auf ihren Wegen, natürlich unauffällig. Man wusste wann und wo sie einkaufte, auch was sie meistens einkaufte und vor allen Dingen, man hatte in Erfahrung ge-

bracht, wann sie die volle Geldtasche, das heißt ihre Tasche mit der Geldbombe, zum Geltransporter brachte.
Man hatte auch versucht, heraus zu finden, wann die Einnahmen der Filiale am ertragreichsten waren, also wann das meiste Geld weiter transportiert werden musste. Diejenigen, die sich mit dieser Beobachtung abgaben, ließen sich Zeit. Im Endeffekt zu viel Zeit, aber das wird sich gleich zeigen.
An einem lauen Sommerabend ging Frau Tausend, ihre Krokotasche unter dem Arm, durch den kleinen Park hinter der Kirche, der sich an den Friedhof anschloss. Den Weg war sie immer gegangen, denn auf der halben Strecke von dort zum Bahnhof, wartete zumeist in einer Nebenstraße, aber nicht immer in der gleichen, der Geldtransporter, der auch noch von einer anderen Filiale die Einnahmen abholte. Dass er nicht direkt vor die Raiffeisenbank fuhr, war schon verwunderlich, aber es hatte sich so eingebürgert.
Was das Publikum und auch sonst niemand wusste, war ein kleines Techtelmechtel, das Hedwig Tausend einmal mit einem der Fahrer gehabt hatte. Das war zu der Zeit, als ihre Mutter noch lebte, und wenn der das zu Ohren gekommen wäre! Nicht auszudenken! Ihre Hedwig mit einem Lastwagenfahrer!
Dem Filialleiter war es gleich, wo Frau Tausend die Geldbombe abgab, er wusste, dass er sich hundertprozentig auf sie verlassen konnte. Und so war es eben zu dieser Abschweifung über Friedhof und Park gekommen. Die heiße Liebe, die letztlich gar nicht so heiß und vor allen Dingen nicht beständig gewesen war, war längst erkaltet, so etwas Ähnliches wie Freundschaft, nein, eher gute Bekanntschaft, war geblieben und damit auch die Gewohnheit der etwas ungewöhnlichen Geldübergabe.
Nun saß also Frau Tausend auf einer Bank im Park und hatte ihre Krokotasche neben sich. Sie hatte sie nicht aus der Hand gelassen, o nein, aber immerhin war der Griff etwas locker geworden. Sie beobachtete die Tauben und merkte nicht, dass sich da jemand in legerer Gangweise, die Hände in den Hosentaschen, eine Schildkappe schräg auf dem Kopf, so dass man von seinen Augen nichts sehen konnte, ihrem Ruheplatz näherte. Derjenige pfiff vor sich hin. War das nicht der Kriminaltango? Wandte den Kopf einmal hierhin, einmal dahin, und schien alle Zeit der Welt zu haben. Frau Tausend auch.

Doch mit einem Mal legte der Spaziergänger einen Zahn zu, schien joggen zu wollen, dafür hatte er wahrscheinlich auch die Turnschuhe an, gewann immer mehr an Tempo, strebte im Sauseschritt auf Hedwig zu und entriss ihr im Vorbeiflitzen die Tasche.

Jetzt wäre es vielleicht denkbar gewesen, dass die Kassiererin empört aufschrie, versucht hätte, ihre Tasche festzuhalten, dem Räuber nachzulaufen, aber nichts dergleichen. Sie blieb ruhig sitzen und sah ihm nur kopfschüttelnd nach.

Dann stand sie auf, strich ihren Rock glatt und ging schlendernd zum Ausgang und in Richtung der Nebenstraße, wo sie der Geldtransporter täglich erwartete. Kurz vorher bog sie allerdings ab und wandte sich ihrer Wohnung zu. Den Schlüssel dafür hatte sie in ihrer Jackentasche, genau so wie ihre Geldbörse. Sie, und damit auch ihre Bankfiliale, hatten keinen Verlust erlitten, wenn man einmal von der altersschwachen Krokotasche absah, die sie leicht verschmerzen konnte. Es war nämlich keine Geldbombe mehr darin gewesen, sondern nur noch trockenes Brot, mit dem sie die Enten im Stadtteich hatte füttern wollen.

Frau Hedwig Tausend war an diesem Tag in Rente gegangen und die Gelder wurden nunmehr ordnungsgemäß direkt in der Filiale abgeholt, damit hatte sie nichts mehr zu tun. Nur eine neue Tasche musste sie sich kaufen, aber das war ja auch schon längst an der Zeit.

‚s Glück is a Vogerl...

Was das „Glück" ist, darüber kann man recht ausgiebig streiten, denn für jeden bedeutet es doch etwas anderes: Viel Geld, ein schönes Haus, Ferien in der Karibik, gutes Essen und Trinken, Freunde, die Große Liebe, Jubel, Trubel, Heiterkeit.

Für andere wohnt das „Glück" in der Stille: Ein Bergsee mit glasklarem Wasser, heller Himmel, weites Land, das erste Amsellied nach kalten Wintertagen.

Das „Glück" als solches lässt sich also nur ganz individuell definieren. Da gibt es auch diverse Sprüche, wie zum Beispiel: „‚s Glück is a Vogerl, zwar liab, aber scheu..", oder „Das Glück ist ein Rindvieh, es sucht seinesgleichen", „Das Glück trifft immer nur auf die Glücklichen", „Glück und Glas, wie leicht bricht das!"

Wenn wir also untereinander vom Glück sprechen, dann kann es sein, dass wir aneinander vorbei reden. Glück ist: Einem Unglück glücklicherweise rechtzeitig entronnen zu sein. „Glück" ist aber auch alltäglich. Es ist da und wir nehmen es als Selbstverständlichkeit. Erst wenn es geht, dann wissen wir, dass wir es hatten. – Dann erst wissen wir es zu schätzen und wünschen es uns zurück, das sogenannte „kleine Glück", das „Glück im Winkel". Das klingt so abwertend, als würde nur das „Große Glück" zählen. Wie groß, bitte, sollte es denn sein? Über die Glückssymbole sind wir uns allerdings einig. Dies sind:

Vierblättriges Kleeblatt: Relativ selten, schwer zu finden. Es sei denn die gezüchteten im Blumentopf. Kann man das „Glück" züchten? Aussäen, gießen und wachsen lassen? Zwar ein Glück, für das man etwas tun muss. Nur, dann sind es viele, viele, vierblättrige Kleeblätter in einem Topf und so „angehäuftes", selbsttätig gewachsenes Glück zählt eigentlich nicht. Das rare, das mühsam oder zufällig, „glücklich", gefundene, das ist das wahre... Oder nicht?

Schornsteinfeger: Der „Schwarze Mann" gilt als Glücksbringer. Warum? Selten ist er nicht, er hat seine festen Kehrzeiten. Sich an seinem Ruß schwarz zu machen, ist das „Glück"? Ruß ist fettig, geht schwer wieder aus den Kleidungsstücken heraus. Die Frau Kaminfegermeisterin weiß davon ein Lied zu singen. – Müsste sie nicht eine der glücklichsten Frauen sein?

Das (Glücks-)schwein: Ein rosiges Ferkel. Was ist daran so „glückbringend"? Am Spieß gebraten kann es ja köstlich sein. Für uns – nicht für das Schweinchen. Und sonst? Das „Glück" zu verspeisen, macht das glücklich? Kann man es sich damit „einverleiben"?

Das Hufeisen: Wer eines findet, hat Glück. Inwiefern? Man hängt es auf, mit der offenen Seite nach oben, damit es das Glück auch sicher auffängt. Das Glück fliegt also durch die Gegend, so dass es eingefangen werden kann wie ein verirrter Vogel. Das Pferd, das das Hufeisen verloren hat, ist weniger „glücklich" dran, es kann sich verletzen, zu hinken anfangen, es muss neu beschlagen werden, damit es dem Leben, den rauen Wegen, gewachsen ist. Warum also soll ein Hufeisen „Glück" bedeuten? Höchstens doch für den Hufschmied, der dadurch Arbeit bekommt...

Das Marienkäferl, auch „Glückskäferl" genannt. Es bedeutet Glück, aber nur, wenn es sieben Punkte hat! Marienkäfer sind Insekten mit

Flügeln und sechs Beinen. Genau wie die Fliegen auch. Bedeuten Fliegen „Glück". Jeder wird hinter ihnen her sein, versuchen sie zu verscheuchen oder zu vernichten. Was ist an Marienkäfern anders? Weil sie rot sind und schwarze Punkte haben? Aber sieben müssen es sein! Sieben! Die magische Zahl! Ist also Magie gleich „Glück"? Glück kann ver- und bezaubern, zugegeben. Nur, was hat das mit den Siebenpünktchen zu tun?

Der Fliegenpilz, auch „Glückpilz" genannt: Kann nun überhaupt nicht zu den Glücksbringern gezählt werden, denn wer ihn verspeist, der kann von Glück sagen, wenn er mit dem Leben davon kommt... Vielleicht deshalb?

Sternschnuppe: Wer sie fallen sieht, darf sich etwas wünschen. Doch bedeuten unsere Wünsche immer „Glück"? Wie oft hat man schon verwünscht, was man sich gewünscht und dann auch bekommen hat! Womit wieder bewiesen wäre, dass das Glück eine ziemlich wandelbare Angelegenheit ist.

Trotzdem, wir wünschen uns Glück und vertrauen auf die Glückssymbole. Mögen sie uns auch noch so oft enttäuscht haben. Und: Haben Sie mitgezählt? Es sind genau sieben! Die magische Zahl, die Glückszahl!

Irgendwann einmal kommt es, das wirkliche, das richtige, das große, das einmalige Glück! ...

Toi, toi, toi!

Das schwarze Schaf und das Lämmchen

„Warum hast du mich in meiner Arbeit angerufen? Du weißt, dass ich das nicht mag, dass das kein gutes Licht auf mich wirft! Außerdem stecke ich mitten in einem Projekt, da kann ich es mir kaum leisten überhaupt einmal Pause zu machen und dann sowas. Was ist denn eigentlich los? Was ist so wichtig, dass ich sofort kommen musste? Hatte das nicht bis später Zeit?"

„Wann hast du einmal Zeit für mich? Immer bist du beschäftigt, immer ist irgendetwas wichtiger als ich, immer vertröstest du mich auf später und dieses später kommt so gut wie nie!"

„Jetzt hör einmal auf zu jammern, du hast gar keinen Grund dazu! Ich war da, wenn du mich gebraucht hast und jetzt bin ich auch da. Also rede, was ist los? Warum musste ich unbedingt und sofort herkommen? Ich sehe nirgendwo einen Grund dafür, einen so wichtigen Grund, dass ich Knall und Fall meine Arbeit liegen lassen und zu dir kommen musste!"

„Du siehst nichts, weil du nichts sehen willst! Es geht mir nicht gut". Katharina strecke einen Fuß aus, der dick verbunden war. „Ich kann nicht mehr gehen, habe mir den Knöchel gebrochen, bin auf der Treppe ausgerutscht. Jetzt kann ich mich nicht um Tutti kümmern. Du musst sie zu dir nehmen, dafür sorgen, dass sie jemand betreut".

„Und woher soll ich diesen Jemand nehmen? Ich arbeite, falls du das vergessen haben solltest. Ich sitze nicht grundlos in meinem Büro und drehe Däumchen. Kann im Moment auch keinen Urlaub nehmen, mein Projekt ist zu wichtig, als dass ich es anderen überlassen möchte. Du kennst doch mehrere Leute, die dir Tutti abnehmen können, zumindest, bis du wieder auf den Beinen bist. Außerdem mag ich es nicht, wenn du meine Kleine Tutti nennst. Sie heißt Gertrud, das ist ihr eingetragener Taufname und du hast den selber ausgesucht, du wolltest, dass sie so heißt, wie deine Mutter. Ein altmodischer Name! Da ist es wieder ganz gut, dass sich Tutti selber so genannt hat! Ist ja auch italienisch und heißt so viel wie „alles" und damit ist auch gleich gesagt, dass sie mein einziges Kind bleiben soll und wird!"

„Dir ist das eine schon zu viel, ich weiß. Und deshalb hast du sie abgeschoben, mir aufgehalst!"

„Was heißt aufgehalst? Du hast dich doch selber angeboten, sie zu übernehmen. Du hast gesagt, dass sie bei dir bleiben kann. Ich wollte sie doch gleich nach der Geburt zur Adoption frei geben. Du bist ihre Großmutter und du wolltest dich ihrer annehmen, „bis ans Ende deiner Tage", hast du wortwörtlich gesagt. Ein gebrochener Knöchels ist noch nicht das Ende, ist ein kleines Handicap, war eine Ungeschicklichkeit. Vielleicht warst du unaufmerksam, leichtsinnig. Wo ist das eigentlich passiert, dieser Unfall?"

„Auf der steilen Treppe zum Speicher, wo ich Wäsche aufgehängt habe. Da bin ich abgerutscht und hatte noch Glück, ich hätte mir mehr brechen können!"

„Weil du auch nie deine Brille aufsetzt! Du siehst nicht mehr gut und brauchst sie nicht nur zum Lesen. Aber du bist ja so eitel! Du willst nicht wie eine Eule aussehen, das sind deine eigenen Worte! Dabei gibt es so hübsche, modische Brillen. Mama, mach dich nicht älter, als du bist!"

„Ich bin so alt, wie ich bin und ich bin die Großmutter des Kindes und nicht seine Mutter! Daran solltest du einmal denken, auch an die Zukunft. Was soll aus dem Kind werden, wenn ich wirklich nicht mehr kann? Ehrlich gesagt, mir ist schon jetzt alles zu viel. Tutti ist recht lebhaft, neugierig, will dies und das und dahin und dorthin. Da komme ich nicht mehr mit! Warum hast du eigentlich nie den Mann erwähnt, der der Vater deines Kindes ist? Was ist mit ihm? War das nur ein sogenannter One-Night-Stand?"

Lena rümpfte ein wenig die Nase. „Huch, wie modern du bist! Aber was weißt denn du".

„Nichts. So gut wie nichts. Nur dass du angekommen bist, obwohl du schon mit knapp achtzehn Jahren nicht mehr bei uns gewohnt hast, von einem Tag auf den anderen abgehauen bist, erst ohne eine Nachricht zu hinterlassen. Wir haben dich auf der Polizei als vermisst gemeldet. Dann bist du nach Hause gebracht worden, mit der freudigen Botschaft, dass du schwanger bist! Da hast du wieder die brave Tochter gespielt, mit dem festen Vorsatz, das Kind adoptieren zu lassen. Deinen Vater hat die ganze Aufregung und Enttäuschung so zugesetzt, dass er einen Herzinfarkt bekommen hat und gestorben ist. Deine Aussage war dann mir gegenüber: „Jetzt hast du doch Zeit für das Baby, nichts Besseres zu tun. Da kannst du dich um den Bankert kümmern!"

„Na ja, das war ja auch gut so. Du wolltest es nicht anderes und hast mich angefleht, das Kind zu behalten. Und jetzt hast du's. Es ist schon Pech, dass du momentan ausfällst, aber ich bin sicher, du findest eine Lösung. Ich muss wieder zurück ins Büro, wo ich diesen Sturm im Wasserglas erklären sollte."

„Wissen denn deine Kollegen, dass du ein Kind hast?"

„Um Himmelswillen, nein! Da würde ich bestimmt nicht auf dem Posten sitzen, den ich jetzt habe! Mütter sind unzuverlässig, die fallen immer wieder einmal aus, weil was mit den Kindern ist. Die wollen früher gehen, damit sie ihre Brut aus der Kita holen können. Die brauchen Sonderurlaub, weil der Balg Fieber hat oder von der Schaukel

gefallen ist. Ich bin keine Mutter, wollte nie eine sein. Das Kind war ein Ausrutscher, ein Unfall, so wie dein Knöchelbruch. Also, du machst das schon. Wo ist Tutti eigentlich im Moment?"
„Bei der Nachbarin".
„Ha, die kümmert sich also? Na, dann soll sie das nur weiter machen, bis du wieder gehen kannst. Du kannst ihr ja von dem Kostgeld, das ich für Tutti zahle, etwas abgeben für ihre Mühen, ich überweise dir doch genug."
„Wie kalt du bist! Warum kümmert sich der Vater eigentlich nicht um sein Kind? Weiß er überhaupt davon? Wer ist er? Was macht er? Er müsste doch zumindest Alimente zahlen! Hast du ihn nie darüber informiert, die Ansprüche angemeldet?"
„Das geht dich nichts an!"
„Mich vielleicht nicht, aber das Kind. Das Kind muss doch wissen, wer sein Vater ist! Irgendwann wir Tutti nach ihm fragen und was willst du ihr dann sagen? Dass sie vom Himmel gefallen ist?"
„Könnte man fast so sagen. Er war ein Schäfer."
„Was? Ein Schäfer?"
„Ein Hirte. Ein Seelenhirte".
„Du meinst, ein Pfarrer? Um Himmelswillen! Bist du missbraucht worden? Warum hast du nie etwas gesagt? Man hätte doch Schritte einleiten können, ihn anklagen, verklagen, zur Rechenschaft ziehen!"
„Auf den Missbrauchs-Zug musst du nicht aufspringen. Das war es nicht. Eher habe ich ihn „verführt", was eigentlich ganz einfach war. Er –" Lena zögerte, „er ist verheiratet. Vermutlich immer noch."
„Er ist also ein evangelischer Pastor?"
„Kann man so direkt auch nicht sagen. Er war der Leiter unserer Gruppe, du weißt schon, wo ich so gerne hingegangen bin, weil er so lustig war. Er hat Klavier gespielt und dazu gesungen: „Gern hab ich die Fraun geküsst…" Er hat eine aus unserer Gruppe dann auch geheiratet. Ich war todunglücklich, ich wollte an ihrer Stelle sein! Na ja, und dann. Eben. Es ist passiert. Er war wohl von Haus aus nicht sehr treu und ich hab ihn rumgekriegt. Ohne dass sich meine Wünsche erfüllt haben. Er ist bei seiner Frau geblieben."
„Aber er muss doch von dem Kind wissen, von dem Lämmchen des Hirten! Was für eine Geschichte! Warum hast du nie davon gesprochen, kein Wort gesagt? Vielleicht hätten wir dich verstanden, dein

Vater und ich. Glaubst du, wir hätten nicht gewusst, was Leidenschaft und blinde Liebe ist?"
Lena unterbrach ihre Mutter. „Ich will davon nichts wissen! Eure Geschichte geht mich nichts an. Das ist erlebt und vorbei! Noch dazu, wo es Papa nicht mehr gibt. Verschone mich!"
„Jeder hat seine Geschichte, die mal grad und mal krumm läuft, die einmal Glück und Seligkeit und ein anderes Mal ein Tal tiefer Enttäuschung und Trauer ist!"
„Jetzt wirst du pathetisch, Mama!"
„Nach langer Zeit nennst du mich wieder einmal Mama, und das sogar mit ein bisschen Wärme. Lena, kümmer dich um dein Kind, akzeptiere es endlich! Es braucht eine Mutter! Eine Großmutter ist nur auf Zeit, auf kurze Zeit. Ich habe dir nicht die ganze Wahrheit gesagt. Es ist nicht nur der Knöchel, ich bin krank, wirklich krank. Ich habe Krebs, wollte es dir verschweigen, aber jetzt geht es um das Kind, dein Kind! Es braucht dich! Es muss wissen, dass es eine Mutter hat. Auch, dass es einen Vater hat. Du musst ihm Bescheid geben, er muss es erfahren, auch wenn er verheiratet ist. Jeder muss dafür einstehen, was er getan hat. Du kennst seine Adresse? Geh zu ihm, sag ihm, was passiert ist. Es geht hier nicht nur um Geld, um Alimente, die er schon seit vier Jahren schuldig ist, seinem Kind schuldig ist! Nicht dir. Du arbeitest, du verdienst gut, du kommst mehr als gut zurecht. Das Schäfchen braucht einen sicheren Platz! Es ist wirklich nicht vom Himmel gefallen, es ist da, ist real! Dein Kind, Lena! Kümmere dich drum und wenn du es nicht machst, dann werde ich es tun, sobald ich wieder auf den Beinen bin. Ich bin ganz gut im Recherchieren, ich finde heraus, wer er ist. Darauf kannst du dich verlassen!" Das letzte klang beinahe wie eine Drohung, Lena fasste es auch so auf.
„Lass die Sache ruhen, Mama. Ich will nichts von ihm, will nichts mehr wissen. Ich bringe mein Kind alleine durch."
„Jetzt sagst du immerhin „mein Kind" und nicht mehr nur Tutti. Trotzdem: Er muss es wissen! Auch wenn du vielleicht kein Geld von ihm willst, er muss es wissen!"
Nüchtern meinte Lena darauf: „Kann Tutti jetzt bei der Nachbarin bleiben, bis du wieder gehen kannst, oder muss ich zu Hause bleiben und mein Projekt sausen lassen?"
„Geh an deine Arbeit. Und mach sie gut. Aber das muss ich dir nicht

extra sagen, du machst sie gut. Du hast dich gewandelt, vom schwarzen Schaf zu – was weiß ich. Du versuchst, an dein Kind zu denken, es als dein Fleisch und Blut – wie altmodisch – zu akzeptieren. So gib ihm auch einen Vater! Vielleicht brauchen sie sich beide!"

Die Treppe war schmal und steil. Lena zögerte. Wohnte er dort oben, unterm Dach, in der Mansarde? Sie hatte seine Adresse herausgefunden, es war eigentlich ganz einfach gewesen. Nun war sie da, um ihn zu informieren, dass er Vater eines vierjährigen Kindes namens Gertrud, genannt Tutti, war. Wie würde er reagieren? Sie klopfe an die Tür. Zuerst kam keine Antwort, dann ein beinahe gehauchtes: „Herein". Er lag in einem schmalen Bett, blass, gealtert, kaum noch zu erkennen. An seinem Lager eine Frau, seine Frau? Sie sah eher wie eine Klosterschwester aus, schwarz gekleidet von Kopf bis Fuß. Ebenfalls blass, beinahe durchscheinend. Lena zögerte. War sie da richtig? War das der Mann, der Vater ihrer Tochter?
Die „Beichte" war nur kurz. Seine Worte, kaum verständlich:"Es gibt ein Kind von mir? Ich werde weiter leben? Gott sie Dank!" Nichts von Alimenten, von Reue oder Entschuldigung. Es waren seine letzten Momente, begleitet von einem tiefen Seufzer: „Gott sei Dank!"

Traum und Wirklichkeit

Ist's nicht im Leben häufig so?
Man wäre ganz gern anderswo
als wo man augenblicklich ist...

Auch wenn die Träume man genießt,
und schwebt in manchen Illusionen,
in „Luftschlössern" kann man kaum wohnen!

Wer weiß es denn, was er versäumt,
wenn er die Wirklichkeit verträumt?
Schon mancher die Erfahrung macht':

„Das hätt' ich nicht im Traum gedacht!"

Wasserfoi

As Wasser foit von Stoa zu Stoa
in blitzende Kaskaden.
Is in oam Werkln, in oam Doa,
zerstaubt in Tropfn, winzig kloa,
und nimmt dabei koan Schaden.

Durch's dichte, goidumwebte Laub
foit 's Liacht in dünne Garben.
De Sonna sprüht im Wasserstaub,
der prahlt und funkelt mit seim Raub
in Regenbogenfarben..

As Wasser kennt ned Weg und Steg,
koa Hindernis duad's wissen.
Springt über Fels und Kiesel weg,
bleibt nirgads steh, an gar koam Fleck
und schlangelt se durch d' Wiesn.

A suiberklarer Wasserfoi,
wui nirgadwo ned bleibn.
Hupft wia a Kind vom Berg ins Toi,
„erwachsen" werd er mit oam Moi –
und duad a Muihrad treibn.

So a Nacht!

O mei, was is des fia a Nacht!
So sternaklar, so schee,
so voller Bliah, so voller Pracht,
dee derfat nia vageh!

A Nacht voi Sommer in de Baam.
da wo i 's Leben gspia.
A Nacht voi Hoffnung und voi Draam.
Und du bist ned bei mir!

I muaß no a zwoats Leben ham,
i muaß no oamoi leem!
Dann kimm i vielleicht mit dir zam
und konn dir alles geem.

A Nacht wia de, so klar, so weit.
I wünsch di zu mir her
und hätt gern meine Arm ausbreit…
Doch meine Arm bleim leer.

Bäume im Sommer-Regen-Sturm

Als wär' es ein wogendes, laubgrünes Meer
mit wirbelnden Wellen, mit Kliffen,
so treibt es der wehende Wind vor sich her,
das Laub. Macht die Äste zu Riffen.

Eine Regenboe peitscht ‚s,
dass es Schaumkronen gleicht,
als würd' es zu Sahne geschlagen.
Ach wär' ich ein Vogel und so flügelleicht,
ich ließ' von dem Wogen mich tragen
und stürzt' mich in Schluchten
und flög' drüber hin
mit jauchzendem, jubelndem Singen!
Auch wenn ich dabei über Abgründen bin.
So grün kann nur Sommer sie bringen!

So dicht.
Und so wild, wenn der Sturmwind sie zaust!
Und krümmt ihnen doch kaum ein Blättchen.
Zu schnell,
o so schnell sie der Herbstwind durchbraust...
Ach, fiel wer der Zeit mal ins Rädchen!

Spätsommer

Da Wind waht übers gmahte Feld,
ois suachat er as Droad.
Er tragt den Gruch nach frischem Hei
vo drentn, vo da Woad.

Da Wind duad d' gelben Blaadl zähln,
und scheicht de Schwaiwal zam.
Er brockt de ersten Äpfe ab,
de roode Backal ham.

Der Wind, der übers Maisfeld spuit,
dass' rauscht und leicht se wiagt,
der schmeckt nach Daubeern, Schwammerl, Moos,
wenn durchn Woid er fliagt.

Da Wind lasst überm Himbeerschlag,
Oidweiberfädn treim.
A Hauch von Herbst webt um de Dog.
Da Sommer konn ned bleim.

Da Wind zreisst überm kloana See
an Newe, der vawaht.
Da Sommer schickt se o zum Geh.
Es herbstl scho schee staad.

Ein Sommertag

Ein Sommertag. Doch schon voll Herbstesahnen.
Ein sachter Wind streift Schauder auf die Haut.
Ein gelbes Blatt im Laubwerk der Platanen.
Wo sich die Rinde löst, da ist der Stamm ergraut...

Ein Sommertag. Die Rosen, sonnentrunken,
so sommerschwer, die Knospen voll erblüht.
Schon da und dort ein Blatt herabgesunken.
Es neigt der Strauch sich tief und sonnenmüd'.

Ein Sommertag. Von weißen Wolkenstrichen
das Himmelsblau durchzogen, silbern fast,
als wär' die Farbe an der Zeit verblichen.
So unbestimmt. Nur noch ein flücht'ger Gast.

Ein Sommertag. Tau in kristall'nen Tropfen
hängt an den Halmen länger als bisher.
Ist da nicht auch ein sanftes, leichtes Klopfen?
Es ist der Herbst! Einlass ist sein Begehr!

Nein, nicht mehr lang wird er sich zart gebärden.
In Ackerfurchen schläft schon rauer Wind.
Wie schnell, wie schnell die Blätter gelber werden,
wie rot die Berberitzen jetzt schon sind!

Zwischen Dog und Traam

De Sonna zündt an Himme o.
wenn s' hinterm Woid vageht.
Und jeder Busch und jedere Baam
in liachte Flammen steht.

De Berg vagliahn im Abendschein,
im letzten Sonnagoid.
Wia Scherenschnitt san d' Tannabaam,
schwarz gegan Himme gmoit.

A Fliaga ziahgt da Sonna nach,
glanz wia aus Suiber auf.
Sternklar werd d'Nacht. Am Horizont
steigt scho da Mondschei rauf.

De Stundn zwischen Dog und Traam
san beinah ohne Zeit.
Zum Schatten werd, was gwesen is,
zum Gestern werd as Heit.

Herbstliche Kostbarkeit

Ois waar's a Handvoll Suibertaler,
hat d' Sonn ihr Liacht ins Wasser gstraht.
A Streifen is, a ganz a schmaler,
und wenn a Windhauch drüber waht,
fangan de Münzen o zum tanzen,
zafliaßt, zarinnt der Suiberschatz,
vateilt se übern See a Glanzn,
ois hätt drin d' Sonn ihrn Lieblingsplatz.
Er duad ihr mit seim Spiagl schmeicheln,
verschenkt s', verteilt s' glei hundertfach!
D' Windflügl, de sei Flächn streicheln,
spürn zärtle jedem Glitzern nach.
Am Ufer steht a oide Lindn,
hat aus ihrm Laubwerk Blattgold gmacht.
An Zauberschatz konnst jetzad finden,
wenn friahra Herbst austeilt sei Pracht.
Wia zarte, filigrane Spitzn
san d' Zweigerl gegas Himmelsblau.
Glitzernde Diamanten sitzen
im Schuif, vom ersten Abendtau.
Da Sommer hat uns goldne Garben
und Rosen wia Rubine gschenkt.
Da Herbst geizt aa ned mit de Farben,
bevor sei Newe oiss vahängt...

Bildungsurlaub

A jeder, der in Urlaub fahrt,
der wünscht se zerscht moi Sonna!
Denn schließlich hat er da drauf gspart!
Ned auf de Sonna, auf de Fahrt,
hatt s' ned im Lotto gwonna'!

Doch hat er Pech am Urlaubsort,
und es gibt nix ois Regen,
es tropft und nasselt in oam fort,
a mistigs Wetter mit oam Wort.
Was duad ma da dagegen?

Da fahrst zum Schwimma an oan See,
oda in d' Berg zum Wandern,
und na muaßt ins Museum geh,
a Vernissage vielleicht durchsteh,
oa Sammlung nach da andern.

So vui an Kunst hast 's ganze Jahr
dahoam no nia genossen!
Kimmst z'ruck, vazählst: „'s war wunderbar!
A Bildungsurlaub, sonnenklar!"

Und dabei hat's bloß gossen!

Preißn

Mia san in oana Wirtschaft g'sessn
und ham a Haxn, Knedl, gessn.
Gsüffig war 's Helle und aa frisch,
da kemman Preißn her zum Tisch.
's Lokal war voi, „Ist hier noch frei?"
No ja, ma konn doch ned so sei:
„Hockts eich nur her, mia ruckan zam,
mia wern minand scho Platz da ham."
Sie essen s' Gleiche na wia mia.
„Eisbein" statt Haxn, „mit nem Kloß
und recht viel Tunke" statt a Soß.
„Ein Schälchen Rotkohl" ‚mechat d' Grete.
Wilhelm bevorzugt Rote Bete.
Na essen s' und mia schaung uns o:
Wia ma nembei no redn ko?
Sovui sang mia 's ganz Monat need,
wia in a knappen Stund de Gret.
Kaum lengs s' Besteck na aus de Finga,
muaß d' Kelllnerin scho d' Rechnung bringa.
De Preißn ham hoit gar koa Zeit
fia d boarische „Jemütlichkeit".
„Ach leider müssen wir schon gehn.
Ganz reizend war's. Auf Wiedersehn!"
„Dees braucht's need!" sag i da drauf schnell.
„Was sind die Bayern originell!"

San mia des wirkle, liabe Leit?
Mia ham's hoit mit da Ehrlichkeit!

Boarische Philosophie

Häd i, daad i, waar i, kannt i:
Alles umadum vastand i.

Kannt i, waar i, daad i, häd i:
Stellad neamad mi fia bleed hi.

Häd i, kannt i, waar i, daad i:
Sagat koana, dass i fad bi.

Daad i, kannt i, häd i, waar i:
Mei, was bin doch fia a Narr i!

Ordnung muss sein! Ein Fischerlied – fehlen nur die Noten

‚s Fischwasser vo da Gmoa,
des is a wengl kloa.
Drum acht' da Schande aa streng drauf
und greift an jeden Sünder auf,
der ohne Angelschein
sei Ruatn hängt da rein.

    Nasen, Braxen und Forelln
    siehgt ma aus de Wellen schnelln.
    D' Karpfen dick und fett,
    de riahn se liaba ned.

‚s Verbotne werd gern do,
des reizt an manchen scho,
so hat da Schande oan dawischt,
der wieder ohne Schein dort fischt.
Doch sagt der Mo voi Gift,
dass' da an Foischn trifft!

    Nasen, Braxen und Forelln
    usw.

Denn angeln daad er ned!
Was se vo selm vasteht.
Er hängt an Wurm an d' Ruatn dro,
dass der as S c h w i m m a lerna ko!
Da Schande stutzt a weng,
na sagt er aber streng:

    Nasen, Braxen usw.

„Dei Ausred' is ned schlecht.
Trotzdem bin i im Recht!
Am Wurm, den wo du schwimmen lässt,
da stell ich einen Mangel fest,
den i belanga ko:
Er hat koa Hosn o!"

Die chinesische Zirbel

„Moanst ned, dass dei Vorgartl no arg kahl ausschaugt?" fragte der Nachbar Hinterhuber, der am Zaun lehnte und auf seiner Pfeife herum kaute.
Richard Schinagl zuckte zusammen. War der lästige Mensch schon wieder da?
Er mochte den Nachbarn nicht besonders. Der war ein einfacher Arbeiter, irgendwo am Bau, hatte einen Stall voll Kinder und duzte ihn immerzu. Dabei hatte Richard sein Häusl nur gekauft, um endlich aus der Mietwohnung heraus zu kommen, keine unmittelbaren Nachbarn mehr zu haben, ein bisschen in der Anonymität zu versinken. Und dann hatte ihm das Schicksal so einen Nachbarn vor die Nase gesetzt!
Er hatte schon eine scharfe Antwort auf der Zunge, aber der andere fuhr in seiner Rede fort: „A wengl arg kahl, ja," wiederholte er sich. „Aber i hätt da an Vorschlag." Widerwillig kam Richard ein bisschen näher. Er, als Stadtmensch, verstand nicht allzu viel von „Ackerbau und Viehzucht" und der andere hatte recht, das Vorgartl war wirklich ein wenig kahl.
„Da gehört a Baam her, a schöner, großer Baam, der von der Straß' her d' Aussicht vadeckt. Und de Aussicht vo drinnat auf d' Straß aa, denn soo schee ist de aa wieder ned". Wider Willen musste ihm Richard Recht geben.
„Und an Krach, an Krach kannt der Baam aa schlucka", sinnierte der Hinterhuber weiter.
Endlich ließ sich Richard Schinagl zu einer Antwort herab: „ Großer Baam? Wo soit i den herkriagn? Da muaß doch zerscht a kloana rei und bis der wachst, o mei!"
„Naa, des brauchts gar ned! A großer wachst aa o, wennst a Glück hast!"
„Ja, wenn. Aber a großer kost doch an Hauffa Geld, und i bin im Moment ned grad guad eigsamt", gab Richard zu.
„Dees kriang ma scho. Wozua sa mia denn Nachbarn! I bsorg dir den Baam, wennst wuist. Ganz was Bsonders. A chinesische Zirbel. Fia, sagn ma, fuchz Euro?"
„Fuchzg Euro san aber aa ned grod billig". Richard Schinagl schüttel-

te den Kopf. „Und wer gibt mir de Garantie, dass des Geld ned zum Fenster nausgschmissn is, wenn der Baam ned ogeht?"

„I", sagte ganz schlicht der Hinterhuber. I bring da'n zuawe, i pflanzt da'n ei und wui mei Geld erst, wenn er de ersten frischen Trieb bringt."

Richard überlegte einen Moment. Wenn er das Angebot annahm, war er dem ungeliebten Nachbarn verpflichtet. Aber andererseits, fünfzig Euro für einen seltenen Baum, eine chinesische Zirbel, das war auch wieder nicht zu viel Und außerdem, wenn sie sich in seinem Vorgartl nicht wohlfühlte, wenn sie einging, dann hatte er nichts zu bezahlen! Er ging also kein Risiko ein.

Er trat an den Zaun und strecke dem Nachbarn die Hand hin. „Guit scho. Du" – er stockte ein wenig, jetzt sagte er zu dem Menschen auch schon du – „du bringst mir oiso den Baam auf dei Risiko. Wachst er ned, geht's mi nix o!"

„So is", sagte der andere." Du werstas sehng, du werst dei Freid an dem Baam ham. „Was Bsonders, i hab's ja scho gsagt, a chinesische Zirbel".

Ein paar Tage später kam der Nachbar Hinterhuber mit einem Spaten. „Jetzt miaß ma des Loch aushe'm fia den Baam": Skeptisch sah ihm Richard zu, wie der andere in seinem sauberen Vorgartl ein Riesenloch aushub und daneben die Erde zu einem großen Haufen aufwarf.

Dann sah und hörte er eine ganze Woche nichts von seinem Nachbarn. Schon war er versucht, die Grube wieder zuzuwerfen, in der Annahme, der andere habe ihm einen bösen Streich gespielt. Der kam aber am Abend, gerade als Richard unschlüssig vor dem Loch stand, mit seinem Kombiwagen, auf dessen Dachständer er einen großen, weit ausladenden Baum festgebunden hatte.

„Da is' s' sagte er, „dei chinesische Zirbel. Jetzt huif ma, dass ma s' owabringa und dass ma s' in de Gruabn eipassen."

Zu zweit arbeiteten sie, dass ihnen der Schweiß auf der Stirn stand. Und als der Baum endlich auf seinem Platz stand, wirklich schön und imposant und genau so, wie es sich Richard Schinagl vorgestellt hatte, reichten sie sich die verdreckten Hände:"Guad hamma's gmacht!" nickten sie sich zu, „Und jetzt waar a Bier recht", fügte Alois Hinterhuber hinzu. Da konnte Richard nicht anders, holte zwei Flaschen aus seinem Keller, und die ungleichen Nachbarn prosteten sich zu.

Die Chinesische Zirbel wusste nicht recht, wie sie sich verhalten sollte. Zuerst sah es so aus, als würde sie Wurzeln fassen, Wochenlang aber blieb ihr Zustand unverändert.

Jeden Tag kam Alois Hinterhuber vorbei, um nach seinem „Geldbaum" zu sehen, schließlich bekam er seinen Fuchziger laut mündlicher Vereinbarung erst, wenn die chinesische Zirbel neue grüne Triebe zeigte. Das tat sie aber nicht. Eines Tages verfärbten sich ihre Nadeln, ein paar fielen herab. „Des sagt nix", redete der Hinterhuber sich und dem Nachbarn zu. „Woaßt, des is de Umstellung, de dafangt se scho wieder." Beide standen skeptisch vor dem Baum.

Dann war wieder keinerlei „Bewegung" an dem Gewächs zu erkennen, weder eine positive, noch eine negative.

„Jetzt steht s' scho lang gnua umanand und rührt se ned!" Hinterhuber zuckte die Schultern. „Werst es vielleicht ned richtig behandeln?"

„I moan, *du* hastas ned richtig behandelt! Wo hast denn den Baam überhaupts her, de chinesische Zirbel, den bsondern Baam?"

„Vo da Baustell! Woaßt, mia ham da a Haus abtragn und mir hat s' leid do. So a scheens Gwachs! Ja, und da hab i s' mitm Bagger ausgraben und dir bracht!"

„Und dabei de Wurzeln beschädigt!"

„Ja, dees woaß i freile ned. Aber eiganga is doch no ned, mia können doch oiwei no hoffen!"

Und sie hofften, die ungleichen Nachbarn, der ehemalige Beamte, der eigentlich seine Ruhe in seinem Häusl gesucht hatte, und der derbe Arbeiter, der um die fünfzig Euro bangte, die ihm sein „Geldbaum" einbringen sollte, denn einen Fuchziger haben und nicht haben, das sind ja fast hundert Euro, für einen, der fünf hungrige Mäuler zu stopfen und an der Hypothek für's Häusl ganz schön zu knabbern hatte. –

Der Hinterhuber goss die chinesische Zirbel, einmal viel, einmal wenig, einmal mit Regenwasser, eimal sogar mit Bier! Der Baum gab kein Lebenszeichen, er verschaffte dem einen nicht die erhofften fünfzig Euro, und dem anderen nicht die erwartete Verschönerung seines Vorgartens.

Und dann kam ein Sturm mit Hagelwetter, der die Dächer abdeckte und die Fensterscheiben zerschlug, und die Zirbel lag entwurzelt im Vorgarten. Wie sollte man jetzt noch feststellen, ob sie angegangen war oder nicht?

Inzwischen hatte Schinagl einen Freund gefunden, der ihm bei allen handwerklichen Arbeiten helfen konnte, der Rat und Tat wusste, wenn's um's Häusl und um den Garten ging. So bezahlte er die fünfzig Euro, denn die chinesische Zirbel wäre ja beinahe angegangen, wenn nicht das Unwetter dazwischen gekommen wäre! Und hatte sie nicht, wenn man genau hinsah, tatsächlich einen neuen, grünen Trieb gebildet?

Im Vorgarten vom Schinangl steht jetzt eine Linde. Sie ist noch nicht besonders groß, aber sie ist sehr eifrig im Wachsen und Gedeihen, und wer weiß, vielleicht kann man in diesem Sommer schon die beiden Nachbarn drunter sitzen sehen, bei einem Krügel Bier und in ein Gespräch über's Garteln vertieft.

Mit Sonnenstich!

Willst du im Sommer dich erfrischen,
begib dich zu den Gartentischen,
mit den Kastanien dazwischen,
um eine halbe Maß zu zischen,
danach die Lippen dir zu wischen.
Auch eine Brotzeit schmeckt inzwischen,
aus Wurstsalat und Zwiebelfischen.

In Lauben und berankten Nischen,
geblümtes Kleid, geschmückt mit Rüschen.
Leuchtkäferchen in Bäumen, Büschen.
Ein weicher Mädchenmund zum Küschen...

Hoppla, jetzt war die Maß zu voll,
weil man dann nicht mehr reimen soll,
steigt in den Kopf der Alkohol!
Jedoch ich sag' es ohne Groll:
Mein Vogel pfiff heut nicht in Moll,
als er vom Unsinn überquoll.
Der hatte einen Sonnenstich!
(Im Zweifelsfalle war's auch ich).

Ja, Sommerhitze macht meschugg!
Aus, Äpfe, Amen und genug!

Gelächter

Der Jugend fällt es meist nicht schwer,
zum Lachen einen Grund zu finden.
Weiß von der Welt man etwas mehr,
muss man sich manchmal überwinden
das Beste noch daraus zu machen,
und einen Anlass zu entdecken,
etwas einmal hinweg zu lachen.
Oft bleibt es uns im Halse stecken...
Doch weiß ein jeder: Es befreit
und kann sogar gesünder machen!
Drum sollte man von Zeit zu Zeit
aus vollem Hals, von Herzen lachen!

Was kann ein Lachen schon verderben?
Wenn es sogar den Hühnern passt!
Des öftern lachen sich die Erben
dann einen Buckel – oder Ast.
Statistisch lacht nur jeder Dritte.
So will die Redensart es sehn.
Und mancher muss, aus unsrer Mitte,
zum Lachen in den Keller gehn...
Am Lachen ist sogar vergnüglich:
Es steckt wie eine Krankheit an!
Und es gelingt uns ganz vorzüglich,
wenn man es über andre kann!

Spatzn fanga

Oft is a ´s Glück a kloana Spatz,
hockt draußd am Fensterbrett.
Schaugt nach nix aus und trotzdem hat's
mit eahm oiwei a Gfrett.

Du sagst, des kloane Spatzenglück,
des waar da ja vui z'gring.
Du mechats scho a größers Stück,
ned so a winzigs Ding.

Is' Glück a Vogel, miaßat der
ganz paradiesisch sei!
A grauer Spatz, der macht nix her,
den fangt a jeder glei!

Hast gmoant? Wia ma se täuschen ko!
Hart duast di mim Daglanga,
denn aa a Spatz fliagt glei davo
und lasst se ned leicht fanga!

Fia ‚s Spatzenfanga brauchst Vastand.
Du mogst a Sach, koa Sachl?
Liawa an Spatzn in da Hand,
ois wia a Tau'm am Dachl!

Hab i mei kloans Glück an da Hand,
lass i's ned aus! Bleed waar i!
I farb meim Spatzn ‚s Federgwand
und mach draus an Kanari!

Man macht sich so seine Gedanken...

Haben Sie sich schon einmal Gedanken über das Denken gemacht?
Ich weiß, da gibt es so einen schönen Spruch:
Denke nie, Du denkst,
denn wenn Du denkst, Du denkst
dann denkst Du nur, Du denkst,
aber denken tust Du nie.
Über das Denken sind schon dicke Bücher geschrieben worden, tiefschürfend, tiefgründlich und oft mit dem „normalen" Denken nicht zu erfassen. Dabei denkt doch jeder Mensch. Es wäre also die einfachste Sache von der Welt, könnte man denken.
Wie oft fragt einer den anderen, besonders dann, wenn man verliebt ist und einer die Gedanken de(s)(r) Liebsten ganz genau kennen möchte, sich wünscht, dass nur an ihn, den geliebten Gegenstand gedacht wird: „Was denkst Du gerade?" Und meist kommt die Antwort: „An gar nichts". Dabei kann man nie an nichts denken, irgendetwas denkt man immer. Die Windungen unseres Gehirns sind nie ganz gedankenlos, weil wir denkende Menschen sind. Und zu dieser Spezies zu gehören, darauf legen wir größten Wert! Wir denken ganz automatisch, so wie wir atmen. Deshalb denken wir auch manchmal einem rechten Schmarrn, beispielsweise, dass die Zimmerdecke neu gestrichen gehört, während wir eigentlich unserem Gegenüber zuhören sollten. Oder dass seine Krawatte so gar nicht zu seinem Sakko passt. Wir denken, unweigerlich, unwillkürlich, automatisch.
Wir denken auch manchmal viel zu viel, nämlich an Dinge, die vielleicht passieren könnten, aber noch in so weiter Ferne sind, dass sie, wenn sie erst einmal da sind, ganz anders kommen, als wir gedacht haben. Überhaupt ist das Denken oft ganz überflüssig. Weil: erstens kommt es anders, zweitens als man denkt.
Viel klüger wäre es gelegentlich, nicht einfach so ins Blaue hinein zu denken, sondern sich ernstlich Gedanken zu machen, mitzudenken. Denn dann kämen einem manchmal schon Bedenken, falls man etwas recht bedenken würde. Man kann zwar selten etwas vordenken, aber über vieles nachdenken. Obwohl, andererseits, wenn man über eine Sache nachdenkt, könnte es eigentlich schon zu spät sein und man muss dann umdenken. Es gibt zwar sogenannte Vordenker, aber das ist genau

so, als würde man einen Vorkoster haben, der ja doch nie sagen kann, ob mir die Speise so schmeckt, wie sie ihm geschmeckt hat. Jeder hat halt seine eigenen Geschmäcker, seine eigenen Gedanken, über die es sich lohnt, nachzudenken. Oder auch seine Bedenken zu bedenken. – Darum schadet es nie, über alles, woran man denkt, zuerst gründlich nachzudenken, des Für und Wider zu gedenken, sich einfach Gedanken zu machen, ob man auch richtig gedacht hat und was sich ein anderer vielleicht denken wird... Und vor allem dafür zu danken, dass wir denken können und dürfen wie wir wollen, denn: Die Gedanken sind frei!

Fallen…

Da hat mir doch kürzlich jemand erzählt, er wäre bei dieser Witterung schon zweimal auf dem Weg zum Briefkasten gefallen und das hat ihm naturgemäß gar nicht gefallen.
Dieser Fall hat mich dazu angeregt, mir über das Fallen so meine Gedanken zu machen. Was kann alles fallen?
Ein Baum fällt, wenn man ihn fällt.
Aktien fallen und Preise können fallen.
Eine Veranstaltung, die letztendlich nicht stattfindet, ist ins Wasser gefallen.
Eine Katze, heißt es, fällt immer auf die Füße, desgleichen ein Mensch, der viel Glück hat.
Bei einer vergeblichen Hoffnung wird man aus allen Wolken fallen.
Und dann fällt es einem gelegentlich wie Schuppen von den Augen.
Sollte aber doch alles glatt gehen, fällt einem ein Stein vom Herzen.
Jemand Unerwünschter fällt mit der Tür ins Haus.
Bisweilen fällt uns aber keine Perle aus der Krone, ihn trotzdem willkommen zu heißen. Gesetzt den Fall, es fällt uns dann nicht die Decke auf den Kopf!
Man kann vom Fleisch fallen, jemandem in die Hände fallen, unter die Räuber fallen, einem auf den Wecker fallen oder zur Last fallen
Vielleicht lässt man manchmal etwas unter den Tisch fallen und fällt aus der Rolle.
Wenn uns nur dann keiner einen Fallstrick aus etwas dreht, das schwer in die Waage fällt.

Haben Ihnen meine Fallstudien nicht gefallen? Dann tun Sie mir den Gefallen, und fällen sie kein ungutes Urteil. Ich glaube, ich bin nicht auf den Kopf und auch nicht auf den Mund gefallen. Doch die Würfel sind in diesem Fall gefallen. Dies ist kein Fall für weitere Fälle!

Frei! – Frei?

Nun ist der Vogel ihm entkommen,
dem Käfig, – der ihn kaum bedrückt.
Hockt vor der Tür, etwas benommen
und weiß nicht, ob der Abflug glückt...

Kann er den frischen Wind auch spüren,
der ihm zum Flug die Flügel hebt?
Wohin wird dieser ihn entführen?
Ob er die Phantasie belebt?

Verlegen putzt er sein Gefieder
und weiß nicht recht, woein, woaus...
Am liebsten kauert er sich wieder
in sein vertrautes Käfighaus.

Es hilft nicht weiter, jetzt zu klagen.
Es ist, wie's ist. Und das nur zählt.
Vertrau', dass dich die Schwingen tragen
in eine schöne, neue Welt!

Dass sich die Horizonte weiten,
wenn man es selber wirklich will,
ist ganz gewiss nicht zu bestreiten!
Flieg Vogel, flieg! Denn nichts steht still!

Im goidna Laub

Heut nacht hat er s' kampelt,
der Herbstwind, de Baam.
A Wuiseln war dees, a Gejammer!
Und jetzad daads Not, dass da Hausmoasta kaam,
und rechat de Blaadl drunt zamma.

Ja schaug nur, de Wiesn is auf und auf Goid!
Sag, ghörn ma ned jetzt zua de Reichen?
Da hat doch de Sonna ihr Fürtuach ausgrollt,
und mechat's vorm Winter no bleichen.

Kimm, gehn ma glei nunter
und schiam ma oiss zam
und machen aus Laub dicke Kissen.
De san fia de Igel, de gsehng mia da ham.
Und was damit soin, wern s' scho wissen!

Aa i hätt mi recht gern zum Winterschlaf gstreckt.
Eis, Kältn und Schnee ganz vaschlafa.
Mit dir waar i unter da Deckn na gsteckt.
Bloß, moan i, des wern mia ned schaffa...

Mia san koane Igel, koa Hamster, koa Maus
und können vorm Winter ned flüchtn.
Doch des mit da Deckn, dees watt' ma no aus!
Mia zwoa wern uns 's Nestl scho richten!

Kastanienzeit

Wenn im Park d' Kastanienbaam
mit de Stachelkugeln werfa,
hat ma ganz an bsondern Traam:
No amoi a Kind sei derfa!

Du bleibst steh und schaugst di um.
Mei, es daad di richtig drucka.
‚s liegn so vui Kastanien rum!
Und scho duasd di danach bucka.

Rotbraun, glanzad und ganz glatt
duasd a Stückl Kindheit hoitn...
Schaug, was' fia a Zeichnung hat!
Was ma oiss draus macha woitn!

Ketten, Armreif, woaßt as no?
Zündholzhaxl, Oachlköpferl
kriagt da ganz' Kastanienzoo!
Und fia d' Puppenstu'm gibt's Töpferl...

I dua mi ned lang scheniern,
buck mi nach Kastanien nieder
und verwahr s', bis dass dadürrn.
‚s Kindsei find i a weng wieder.

Vorbei…

Des Sommers Tage sind verflogen.
Die letzte Rose ist verblüht.
Die Schwalben sind davon gezogen.
Verklungen ist im Wind das Lied
von einer Liebe, bittersüß,
die lange schlief und neu erwacht,
die schnell das Herz mir schlagen ließ,
bei jenem Kuss in Sommernacht. –

Doch heute musst ich klar erkennen:
Es waren Seifenblasen nur.
Weil unsre Weg sich doch trennen
und abgelaufen ist die Uhr.
Die Blätter fallen von den Bäumen.
Die Tage werden kurz und kalt.
Ich bleib allein mit meinen Träumen.
Die Sommerliebe wurd nicht alt.

Nehmen ist seliger als geben!

Ich weiß schon, dass dieser Spruch genau umgekehrt lautet, aber ich nehme mir heute einmal die Freiheit, ihn aufs Korn zu nehmen.
Was nehmen wir Menschen uns alles heraus!
Wir nehmen Platz.
Wir nehmen den Hut, wenn man uns einmal des Postens verweist.
Wir nehmen jemand anderem die Butter vom Brot.
Wir nehmen etwas auf unseren Buckel oder nehmen es auf unsere Kappe.
Wir nehmen jemanden ins Gebet oder nehmen ihn an die Kandare.
Wir nehmen die Gelegenheit beim Schopfe, wenn wir denn nicht fester agieren und sie beim Schopf packen!
Bisweilen versichert uns einer: „Darauf kannst du Gift nehmen!
Etwas kann überhand nehmen, uns den Schwung nehmen.
Wir werden vielleicht etwas mit Handkuss entgegennehmen.
Wir nehmen bisweilen das Herz in beide Hände oder müssen jemanden beim Kragen nehmen.
Oft gilt es, etwas in Kauf zu nehmen.
Wir sollen etwas für bare Münze nehmen.
Wir nehmen einen bei den Ohren, nehmen ihn auf die Schippe.
Wir nehmen jemanden nicht für voll, nehmen ihn auf den Arm.
Wir nehmen kein Blatt vor den Mund, nehmen etwas in Kauf.
Wir nehmen jemanden ins Gebet, seine Argumente nehmen wir unter die Lupe.
Wir nehmen jemandem den Wind aus den Segeln oder nehmen ihn unter unsere Fittiche.
Will mich jetzt jemand nicht ernst nehmen, mir die Feder aus der Hand nehmen, dann nehme ich mir einen Anwalt!– Oder ich nehme aus Frust einen zur Brust!
Nehmen Sie mich beim Wort!

Geben

Und nun kommt des schauerlichen Spieles zweiter Teil, den ich zum Besten geben will!
Ich möchte mir ja keine Blöße geben oder irgendjemanden eines auf Dach, auf den Deckel geben, auch muss ich in diesem Fall kein Fersengeld geben, aber geben Sie mir eine Gnadenfrist, bevor ich mir die Kugel geben muss.
Wie bitte? Sie geben mir einen Korb? Wo ich mich so in Ihre Hand gegeben habe?
Auch wenn Sie mir den Laufpass geben wollen, kann ich das nicht ganz nachvollziehen und frage mich: „Wie kann's das geben?
Damit geben Sie mir Saures, geben mir den Rest!
Doch bevor ich das Heft aus der Hand gebe, gebe ich Ihnen Brief und Siegel, ich wollte Ihnen nur einen Fingerzeig geben!
Geben Sie gleich jemanden eins auf die Nuss oder eins hinter die Ohren, auch wenn die Gelegenheit dafür gegeben ist?
Es ist doch besser, es wird erst ein Warnschuss vor den Bug gegeben, man testet die Gegebenheiten, damit sich der Konflikt gegebenenfalls geben kann! Eine Lösung kann sich immer ergeben!
Sollte Ihnen jemand eine harte Nuss zu knacken geben, geben Sie nicht gleich auf!
Ich wollte hiermit nur Bescheid geben: es kann immer wieder Überraschungen geben!

Aa a Art „Naturschutz"

Da Schneider Hans hat auf der Woad,
g'erbt hat er's vor paar Jahr,
a Wirtshaus hibaut, lang und broat,
mit Fremdenzimmer, Bar,
mit Keglbo, Solarium
und aa an Fitnessraum.
A Riesenhobl, a Mordstrumm
und gnennt is: „Grüner Baum".

Des alles waar ja recht und schee,
bloß oans hat mi scho gstört:
An greana Baam siehgst nirgads steh,
wia's fia den Nama ghört!
I red an Schneider Hans drauf o
und frag nach dem Patron,
der wo seim neia Wirtshaus do
sein Nama geben konn.

Da Hanse sagt: „Geh, lass mi aus!
Hast du des ned kapiert?
Grad deszweng nenn i's so, mei Haus,
dass nix vagessen wird!
„Zum Adler" hoaßn's und „Zum Greif",
„Zum Bären, „Zu den Mohrn".
De ham doch aa, behaupt i steif,
ihrn Gödn längst valorn!"

Auf mei Art schütz i de Natur!
Drum steck dein Vorwurf weg.
Hab hinterm Haus aa Reh grad gnua,
im luftigen Geheg!
De derf ma streicheln, fuadan. Du,
da gfreit se a jeds Kind"
An Hirschbraten und Rehragout,
ma auf da Kartn find.

„Bei einem Wirte wundermild,
da war ich jüngst zu Gast…"
„Zum Grünen Baum" steht auf seim Schild,
doch rundrum siehgst koan Ast. –
As Rehwuid hoit er wia de Kiah –
(und de daschiaßt er ned).
Weil so koa Baam im Waldrevier
vom Rehverbiss eigeht…

An Biergarten wenn er no hätt,
kannt i des fast vasteh,
weil dort a Kastanie steht,
aa mehra. Dees waar schee!
Doch dafia war koa Platz mehr da.
An d' Hauswand aber is,
er sagt und moant, dees guit scho aa
und richtig is des gwieß
jetzad a Greana Baam higmoit.
Was er fia sein Naturschutz hoit.

Beim Zahnarzt

Jetzt stelle ich einmal eine bohrende Frage:
Gehen Sie gern zum Zahnarzt?
Ich seh' schon, da gibt es vorherrschend eine Abwehrhaltung und die Gegenfrage: Wer geht schon gern zum Zahnarzt?
Na ja, vielleicht jemand, der ein Techtelmechtel mit so einem Mann bzw. auch einer solchen Frau hat, der, (die) einem gern auf den Nerv geht. Auch Zahnärzte sind Menschen und damit menschlichen Gefühlen ausgesetzt. Es gibt doch recht nette Zahnärzte und Zahnärztinnen, wirklich, so lange sie einem nicht in den Mund schauen und hinterrücks mit irgendwelche Instrumenten agieren, gegen die man keinen Einspruch erheben kann, ja nicht einmal den Mund halten, sondern ihn weit öffnen soll!
Ist Ihnen eigentlich schon einmal aufgefallen, dass es ausgesprochene Zahnarztfilme gibt? Ich meine jetzt nicht „Das große Bohren", der Titel ist mir unbekannt. Aber ganz bestimmt ist Ihnen „Ein Herz und eine Krone" im Gedächtnis.
Oder vielleicht auch der „Herrscher ohne Krone".
Und wie steht es mit der „Brücke am Kwai"?
Es gibt auch einen Zahnarztschlager, der zwar schon älteren Datums ist, aber trotzdem noch bekannt sein dürfte, nämlich „Über sieben Brücken musst du gehn..."
Ein Mythos, ein alljährlich auftauchendes Phänomen, zumindest in der Presse, ist auch „Das Ungeheuer von Loch Ness." Was wiederum auf einen dringenden Besuch beim Zahnarzt hinzuweisen scheint.
Vielleicht fällt Ihnen dazu selber noch dieses oder jenes ein, besonders dann, wenn Sie im Zahnarztstuhl liegen und Ihnen der sirrende Bohrer immer näher kommt. Daneben sprudelt eventuell munter das Wässerchen in den Spülbecher und Sie wünschen sich „An heiligen Wassern" zu sitzen oder auch im Bermudadreieck zu verschwinden.
Aber denken Sie daran:
        Es kommt im Leben darauf an,
        dass man die Zähne zeigen kann!
Und das sollten Sie bei Ihrem Zahnarzt auf alle Fälle tun.
P.S.: Wissen Sie, wo Zahnärzte am liebsten Urlaub machen? Auf Bora Bora!

Eine bange Zange

Eine Zange lag im Schrank,
sagte fröhlich: „Gott sei Dank,
hier, an dieser ruhigen Stätte,
bin ich glücklich. Und ich wette,
dieses halt' ich spielend aus!" –

Eines Tages, Schreck und Graus,
war ihr Einsatz sehr begehrt.
Als die Zange dieses hört,
war sie im Moment geschockt.
Und der Schock hat abgeblockt,
was an sich war ihr Metier.
Denn es fehlt an Öl! O weh!
Konnte nicht mehr beißen, kneifen
ihre Backen, die versteifen,
waren kaum noch zu bewegen,
stehn der Forderung entgegen.
Nutzlos hat sie sich gefühlt,
ihre Wirksamkeit verspielt…

Die Moral, Freund, merke auf:
Ruhe nur im Lebenslauf,
zwar so häufig wie es geht,
aber für den Einsatz steht
immer Öl an deiner Seiten,
Trägheit, Starre zu vermeiden.
Wer gut schmiert, der auch gut fährt,
wie uns schon das Sprichwort lehrt.

Im Lebenslauf – im Lauf des Lebens

Sobald der Mensch das Licht der Welt erblickt,
wird er auf „seinen" Lebensweg geschickt
und spinnwebzart ist vorgezeichnet drin,
auf welche Art ich werde, wie ich bin...

Man hat sein „Muster" zwar schon mitbekommen,
zuweilen „musterhaft" sich auch benommen,
doch hin und wieder hat man sich verirrt,
weil man durch Schaden eben klüger wird!

Natürlich scheint es uns, wir könnten wählen.
Und müssen doch durch's Unterholz uns quälen.
Wir werden stolpern, ab und zu auch fallen.
Fühlen vielleicht verlassen uns von allen...

Manchmal sieht's aus, als würd's nicht weitergehen.
Vor lauter Bäumen ist kein Wald zu sehen!
Und keine Hand ist da, sie zu ergreifen.
Dann kann es helfen: einfach drauf zu pfeifen!

Brauchen wir Mut, wird er schon unser werden.
Denn „hoffnungslos" ist selten was auf Erden.
Selbst wenn es scheint, ‚s würd' keinen Ausweg geben,
das Licht ist da! – Etwas verhüllt nur eben.

Und dieses Licht lässt uns den Weg auch finden!
Mag nur der Glaube in der Hoffnung gründen.
Wenn sich die Liebe noch hinzu gesellt,
sind wir gerüstet für den Rest der Welt!

Jeder hat eine Gabe!

Ein jeder Mensch hat eine Gabe.
Ein jeglicher hat ein Talent!
Wer sagt, dass er gar keines habe,
gibt zu, dass er es nicht erkennt!

Vielleicht will er's nicht anerkennen,
weil es ihm Müh' und Arbeit bringt?
Niemand ist unbegabt zu nennen!
Auch wenn er um die Gabe ringt!

Dem einen ist sie zugefallen,
per Zu-Fall hat er sie entdeckt.
Der eine glänzt damit vor allen.
Der andere hält sie versteckt.

Doch jede Gabe, gottgegeben,
schließt in sich eines auch mit ein:
Sie zu erkennen! Sie zu leben!
Aufgabe wird sie immer sein!

Das, was man kann, gering zu achten,
sich nicht zu freuen am Talent,
als selbstverständlich es betrachten,
zeigt, dass man Dankbarkeit nicht kennt!

Heißt es nicht Gottes Gnade mindern,
wenn man, was er uns schenkt, nicht sieht?
Als Vater gibt er allen Kindern!
An uns liegt's, was uns draus erblüht!

Haben Sie heute schon Ihr Fett bekommen?

Das Fett als solches ist ein beliebtes Thema. Zum einen geht es um das Fett, das man nicht sieht, das sogenannte „versteckte Fett". Gerade weil es nicht deutlich sichtbar ist, beispielsweise als Speckbröckerl in der Wurst, wird es eines Tages unübersehbar sein. Es ist nämlich so hintertückisch und gemein, dass es sich dort ablagert, wo man' gar nicht gerne hat, nämlich auf den Hüften, dem Bauch oder an sonstigen Stellen, wo es gleich ins Auge fällt. Da ist es dann aus mit dem „Versteckerlspiel!"
Das Hinterlistige am Fett, ich meine jetzt nicht das in der Wurst, im Käse, im Gebäck, ob nun sichtbar oder unsichtbar, ist, dass es so gut schmeckt! Ein Butterbrot ohne Butter ist halt kein Vergnügen, und eines mit einem sogenannten Halbfett bestrichen, ist dann eben nur das halbe Vergnügen. Und so tröstet man sich selber immer damit, dass man sich doch auch etwas gönnen darf. Die Reklame unterstützt uns da recht eifrig, bis man dann eines Tages das angefutterte Fett nicht mehr verheimlichen kann. Wer ausgedehnt Brotzeit macht, der wird zwangsläufig eines Tages selber ausgedehnt.
Jetzt gibt es aber noch ein anderes Fett, nicht das in der Nahrung und nicht das von der Ernährung. Sie kennen doch bestimmt das Sprichwort: „ Der hat sein Fett weg!" Wollte man das nun wortwörtlich nehmen, würde es bedeuten, wenn er's (oder sie) „weg" hat, dann war eine Abmagerungskur, eine Diät, erfolgreich. Gemeint ist es aber eher so, dass er „sein Fett" bekommen hat! Bei welcher Gelegenheit? In welcher Form?
Die Erklärung ist ganz einfach: Wenn einer beim Schweineschlachten mitgeholfen hat, bekam er für seine Hilfe einen Anteil, vor allem an Fett, das ja in früheren Zeiten ein wesentlich wichtigerer Nahrungsbestandteil war als heute. Daher auch der Begriff „der hat sein Fett schon abgeschöpft" für jemanden, der schneller war als die anderen. Und von einem Wohlhabenden, der sich eine „Fettleber" leisten konnte und demgemäß dann meist wohlbeleibt war, sagte man „der sitzt im Fett", also dem geht es gut.
Es heißt ja auch „das geht wie geschmiert" und damit ist auf alle Fälle Öl, Wagenschmiere, Stauferfett gemeint. Aber jemanden „schmieren" kann man wiederum weniger mit fetthaltigen Substanzen, eher sind da schon „flüssige Mittel" gemeint, nämlich Geldmittel.

Bekommt aber einer „eine geschmiert" wird ihm nur in seltenen Fällen ein öliger Lappen um die Ohren geschlagen.

Sind Sie schon einmal ins Fettnäpfchen getreten? Ganz bestimmt, denn dass man zur unrechten Zeit eine unpassende Bemerkung macht, das kommt ganz ungewollt hin und wieder vor.

Aber was hat das wiederum mit einem „Fettnäpfchen" zu tun? Und wieso hinein getreten? Wer stellt einen Tiegel mit Fett auf den Fußboden?

Und doch kommt der Ausspruch genau daher: In den alten Zeiten, in denen viele unserer Sprichwörter entstanden sind, war es in den abgelegenen Bauernhöfen im Gebirge, im Bayrischen Wald und auch im Erzgebirge üblich, ein Haferl mit Fett in der Nähe des Ofens in einer Ecke auf dem Fußboden stehen zu haben. Das war nun nicht etwa für die Katz, sondern hatte den Zweck, dass die Männer, die von draußen, vom Feld, von der Waldarbeit, heimkamen, ihre nassen Stiefel gleich damit einschmieren und zum Trocknen unter die Ofenbank stellen konnten, damit das Leder nicht brüchig wurde und die Schuhe vor der Zeit verdarben.

In Ofennähe stand diese Stiefelwichse zum einen deswegen, damit das Stiefelfett geschmeidig und streichfähig blieb, zum anderen, damit die Arbeit nicht übersehen und erledigt wurde, bevor man es sich hinterm Ofen gemütlich machte. Da ist's dann natürlich schon ab und zu vorgekommen, dass einer „ins Fettnäpfchen getreten" ist, vielleicht, weil der Vorgänger das Schüsselchen nicht an den rechten Platz zurück gestellt hatte, vielleicht, weil man einfach aus Ungeschicklichkeit oder Müdigkeit beim Stiefelausziehen da hinein getappt ist.

Dass derjenige, dem das passierte, bei der Hausfrau einigen Unmut herauf beschwor, lässt sich denken. So wird es also auch heute noch übel vermerkt, wenn man „ins Fettnäpfchen" tritt. Ab und zu gibt's deswegen vielleicht eine Rüge, „man bekommt sein Fett weg" oder sogar „eine geschmiert".

Um a Fünferl an Durchanand

Um a Fünferl an Durchanand!
Ob ma'n heid no valanga kannt?
Frag i'n Metzger am Eck,
moant er, dass i'n dableck.

Um a Fünferl was kaffa?
Da miassatst weit laffa!
Und beim Metzger glei gar!
Da kriagst nix, zahlst aa bar

Vo da Wurscht scho zwoa Radl,
vom Schinken oa Blaadl,
kost as Zehnfache glei!
So teier konn's sei.

Um a Fünferl a Semme?
Des glaabst ma, de nehm i!
Aber kriang dua i's ned,
wenn koa Fuchzgerl hergeht.

Koa minzerne Kugl,
koa Loawe, koan Muggl,
fia a Fünferl kriagst nix!
Schmeiß eina in d' Büchs!

Duasd na gnua zammabringa,
derfst auf d' Bank des glei bringa,
doch de Zinsen, hast ghört,
san koa Fünferl ned wert!

Schlecht bestrahlt

Sag selber, soiche Dog duast kenna,
wost umananda laufst wia d' Henna,
de blind is und nix finden ko,
ois hättn s' ihra 's Brot davo!
Da Wecker leit, doch du schlafst weida,
ungwaschn hupfst na in de Kleida.
Dei Auto streikt und springt ned o,
de Trambahn fahrt da aa davo.
Du kimmst in's Gschäft, natürle z'spät,
wo scho da Chef auf hundert steht,
weil d' Arwad auf de Nägl brennt.
Du braichats guad und gern sechs Händ'!
Du aber hast heut lauter Dama,
mächst di in Grund und Boden schama,
doch du konnst wirkle nix dafia,
de Schuid liegt ganz gwieß ned bei dir!
Dei Horoskop hat prophezeit,
dass deine Stern schlecht stengan heit!
Da Uranus im dritten Haus,
der übt koan guadn Einfluss aus!
Es gibt an Ärger im Büro
und überhaupts aa anderstwo.
Auf's Geld soits schaung und ja ned prassen!
(Dei Auto muaßt jetzt richten lassen).
Gar in da Liab, so wia's da steht,
da ja scho glei alles z'spät!
(Dei Freind ruaft di am Mittag o,
dass er jetzt doch ned kemma ko!')
Den Dog heit, den konnst glatt vagessen
Was kimmt no ois? Megst's nomoi lesen
und schlagst wieder de Seitn nooch:

De Zeitung war's von letzter Woch...

Aus dem Nähkästchen geplaudert

Haben Sie auch eine Knopfschachtel zu Hause? Ich könnte mir vorstellen, dass es so ein Behältnis in jedem Haushalt gibt. Wie oft kommt es vor, dass man ein Kleidungsstück ausrangiert, aber die Knöpfe daran sind so hübsch, dass man sie vielleicht irgendwann anderweitig wieder verwenden möchte. Also trennt man sie ab und sie kommen in die Knopfschachtel. Die Knöpfe vom Trachtenhemd, das zu eng geworden ist. Echt Horn –heute kaum noch zu bezahlen! Wäre doch schade drum. Das Hemd selber wird zusammengeschnitten, zu Lumpen für die Autoreinigung, oder, wenn's nicht fuselt, zum Nachreiben beim Fensterputzen.
Und so geht es mit einigen Dingen. Die mit Stoff bezogenen Knöpfe von dem Kopfkissen beispielsweise, das jetzt nur noch als Spüllumpen Dienst tut, wobei die Knöpfe doch stören würden! Oder aber man hat einen verloren von einem Kleidungsstück und den gleichen nicht mehr nachkaufen können, musste also die gesamt Knopfgarnitur komplett erneuern, so wandern die ausrangierten eben in die Knopfschachtel.
Wie praktisch, wenn man wiederum einmal einen Knopf braucht, nur einen oder zwei oder drei, um einem Blüschen ein anderes Gesicht zu geben. Dann kann man zuerst in der Knopfschachtel nachsehen und fördert vielleicht etwas Passendes zutage. Dann, spätestens dann. wenn man den ganzen Inhalt ausleert, um darin herum zusuchen. Da, die drei rosaroten Glaskugelknöpfchen, die waren doch auf dem bunten Sommerrock. Ein Wickelrock war's und nur von den drei Knöpfen zusammengehalten. Getragen habe ich ihn auf meinem ersten Spaziergang mit ihm, und mich so geniert, weil der Rock bei jedem Schritt viel zu weit aufschwang, viel zu viel Bein zeigte.
Hier, die blauen Knöpfe mit den weißen Häschen, die sind vom Schlafanzug des Buben, drei Jahre war er wohl damals alt und hatte nur wegen der Hasenknöpfe immer wieder den gleichen Schlafanzug anziehen wollen!
Die geflochtenen Lederknöpfe vom Trenchcoat a la Humphrey Bogart, der schwarze Knopf von dem seinerzeit sehr eleganten Wintermantel mit Pelzkragen, eine ganze Menge verschiedener Hemdenknöpfe, von denen man geglaubt hatte, irgendwann wieder einmal Verwendung dafür zu finden.

Aber es gibt in meiner Knopfschachtel noch ein paar Besonderheiten: Trachtenknöpfe mit bunten Blumen, aber nicht irgendwelche, maschinell gefertigte! Diese Knöpfe sind schon sehr alt, waren in ihrem „Vorleben" feldgraue Uniformknöpfe und wurden, nachdem der Krieg endlich vorbei war, und man alles, was nur irgendwie brauchbar war, umfunktioniert, von Hand umgefärbt, manche schwarz, manche rot oder blau, grün und gelb und mit bunten, handgemalten Blümchen verziert. Ich hatte sie auf einem Kleidchen aus Fahnentuch – und würde sie, auch wenn ich manchmal denke, dass ich viel zu viel unnötigen Kleinkram aufhebe, ganz besonders in der Knopfschachtel, nie wegwerfen!
So ab und zu wühlt man halt gerne in Erinnerungen und lässt sich alte Geschichten erzählen, sei es auch nur von Knöpfen…

In die Waagschale gelegt…

Haben Sie eine Waage daheim?
Ich meine jetzt nicht dieses unverschämte Ding im Bad, das einem jeden Morgen hämisch mitten ins gerade gewaschene Gesicht hinein sagt, dass man schon wieder zugenommen hat.
Ich meine auch keine Briefwaage, keine Apothekerwaage, die Sie sowieso nicht besitzen, wenn Sie kein Apotheker sind. Ich meine auch nicht die Goldwaage, die viel zu viele Leute haben, um kleinlich etwas darauf zu legen.
Die Rede soll auch nicht von einer Kartoffel-, Dezimal oder „Sauwoog" sein. Ich meine eine ganz „normale" Küchenwaage. Und wenn ich „normal" sage, dann meine ich wiederum kein so modernes digitales Ding, das man ganz klein zusammenklappen und verstauen kann, wenn man's nicht braucht, sondern ich spreche von der guten, alten Küchenwaage mit Schiebegewicht und Waagschale.
Und jetzt bin ich genau dort, wo ich hingesteuert habe, nämlich bei der Waagschale. Wenn es die noch in Ihrem Haushalt gibt, dann wa(a)ge ich zu behaupten: Genau die ist doch ein beliebter Platz für allerhand Krimskrams.
Die Küchenwaage als solche geht einem eigentlich dauernd im Weg um, wenn man sie nicht gerade zum Abwiegen der Zutaten für den

Sonntagskuchen braucht. Und da braucht man sie auch die wenigste Zeit, denn eine versierte Sonntagskuchenbäckerin mischt die Menge der Zutaten sozusagen aus dem Handgelenk zusammen.

Was also mit diesem zumeist doch etwas unhandlichen, aber doch nicht ganz entbehrlichen Trum anfangen? Nutzen! Vor allen Dingen eben die Waagschale.

Man mag zwar im Laufe seines Lebens so manches in die Waagschale werfen oder geworfen bekommen, bei mir liegen vorzugsweise darin: Ein Brieföffner, ein Kugelschreiber, die Tabletten, die täglich eingenommen werden müss(t)en, eine Postkarte, die Freunde von ihrem letzten Urlaub geschrieben haben, unbeantwortete Briefe, die manchmal schwer ins Gewicht fallen, und wechselnd Diverses.

Wenn man in meinem Haushalt etwas sucht, eine Kleinigkeit wie beispielsweise ein Gummiringerl oder eine Büroklammer, dann kann man das am sichersten in der Waagschale finden.

Oder der Radlschlüssel wird vermisst. Was heißt's dann? „Schaug in d' Waag'!"

Das hat nicht unbedingt etwas mit Schlamperei zu tun, eher im Gegenteil oder sogar höchst philosophisch: Man gibt den Dingen das richtige Gewicht! Ich wäge ab, wann ich die Briefe beantworte. Dass die Freunde im Urlaub an mich gedacht haben, rechne ich ihnen hoch an, die Freude daran überwiegt vielleicht den Neid, dass die dort sind, wo ich grad nicht sein kann.

Wenn ich auf die Tabletten vergesse, wäre es eventuell schwerwiegend, gar das Zünglein an der Waage.

So halten sich Nutzen und Zweck eben die Waage – in meiner Waagschale.

Wohl behütet!

Früher war es beinahe undenkbar, dass eine Frau ohne Hut auf die Straße ging! Der Hut erst komplettierte die Garderobe. Jedes „Kocherl" hatte einen Hut, ein Hütchen oder zumindest eine Haube.

„Unter die Haube kommen" bedeutete so viel, wie zu heiraten, einen Mann zu bekommen, der einen behütete…

Und was es da für Hüte gab! Wahre Wagenräder, beladen mit Obst

und Gemüse, ausgestopften Vögeln und Phantasiegebilden! Breitrandige „Florentiner" mit Samtschleife, unter dem Kinn zu binden, sonst hätte der nächstbeste Windstoß den Hut als Drachen fliegen lassen. Schutenhütchen, Rüschenhüte, Hüte, Hüte – Gott behüte!
Der neue Frühjahrshut war so obligatorisch wie die ersten Veilchen. Ein Traum der Frauen – oft ein Albtraum für die Männer, die die Pracht bezahlen mussten! Ja, seinerzeit träumte man noch vor dem Schaufenster der Hutmacherin! Schleier, Spitzen, verwegene Formen, Federn, Farben.
Der Hut hat auch seinen Platz unter den Sprichwörtern. Alles unter einen Hut bringen bedeutet, alle zu einer gemeinsamen Ansicht zu bekehren, für dasselbe Ziel zu gewinnen. Ein Hut war bisweilen das Symbol für Herrschaft und Gesetz. Man denke nur an Geßlers Hut auf der Stange in Schillers Wilhelm Tell, den die Leute zu grüßen hatten! Und wenn einer seinen Hut nehmen musste, dann musste er eben gehen, sein Amt aufgeben.
Bisweilen geht uns auch heute noch etwas über die Hutschnur, wächst uns damit fast über den Kopf. Dann heißt es auf der Hut sein, aufzupassen, dass uns eben nichts über den Kopf wächst.
Wenn einer etwas auf den Hut bekommt, wird er getadelt, dafür kann ihm vielleicht der Hut hochgehen. Wenn man dann nur keine Spatzen unter dem Hut hat, die davon fliegen und jegliche Chance verderben. Dann kam die Zeit, da war ein Hut überhaupt nicht mehr gefragt, obwohl es immer wieder hieß: Man geht nicht mehr ohne Hut!
Sonntags in der Kirche trug man ihn eventuell noch, aber auch da nahm die Barhäuptigkeit der Damen bald überhand. Man zeigte vielleicht damit, dass man es nicht nötig hatte, sich „behüten" zu lassen? Eventuell ein Seitentrieb der Emanzipation…
Bestimmte Männer allerdings, die trachtigen, boarischen, behalten den Hut immer auf, komme was da mag. Da ist der Hut so etwas wie ein Statussymbol, siehe Geßlers Hut auf der Stange: Die Macht ist auf meiner Seite und „Mia san mia!" So lange man nicht eins auf den Deckel (und damit auf den Hut) bekommt. Es ist also immer besser, auf der Hut zu sein.
Und heute? Die Hüte kommen wieder! Zuerst als Käppchen und Kappen, ein bisschen männlich, mit Schild, Ballonmützen, Arbeiterkappen. Auch der Borsellino, einstmals eine typisch männliche Kopfbe-

deckung, man denke nur an Humphrey Bogart!, hat auf die Damenhäupter gewechselt. Ja ja die Gleichberechtigung!
Doch da gibt es auch schon wieder die typisch weiblichen Kopfbedeckungen. Klein noch, schüchtern, mehr Hütchen als Hüte. Man traut sich noch nicht so recht. Frei will man sein, das Haar, das lange, im Wind wehen lassen, nicht verstecken.
Unter die Haube kommen bedeutete damals ja auch, keine verlockende, lockende Haarsträhne mehr sehen zu lassen. Aber trotzdem, der Hut, der Damenhut, ist wieder auf dem Vormarsch.
Ich gestehe, ich habe mir auch einen gekauft. Ein Hütchen, einen Frühjahrshut, ein schüchternes kleines Ding, eigentlich noch gar kein richtiger Hut. Das heißt, ganz so schüchtern ist er nicht. Er ist nämlich rot, signalrot! Und was hat mein Mann gesagt, als ich damit nach Hause kam: „Was hast denn du für eine Verkehrsampel auf dem Kopf?" Typisch Mann! Keinen Sinn für weibliche Träume. Wohlbehütete Träume!

Die Außerirdischen sind schon da!

Ist es Ihnen eigentlich auch schon einmal aufgefallen: Wenn Sie sich einen Film ansehen, bei dem ein paar Wesen von anderen Planeten vorkommen, dann sind diese potthässlich. Nach unserem Weltbild. Vielleicht sind sie dort, wo sie herkommen, wahre Schönheiten und wir können das nur nicht so recht beurteilen, weil wir in zu geringen Dimensionen denken? Und von uns aus gesehen!
Das „Schlitzohr" Mister Spock, war ja noch zu akzeptieren. Nachdem wir uns an ihn gewöhnt hatten, war er sogar recht gern gesehen in unserem Wohnzimmer. Aber die anderen mit den durchsichtigen Köpfen, in denen man den Denkvorgang visuell beobachten kann, oder die mit den zerlaufenden Gesichtern und qualligen Gestalten. Also wissen Sie, da kann ich ja gleich mit meinem Pudding Konversation betreiben.
Freilich, klüger sind sie immer, die aus anderen Planetensystemen, denn sonst hätten sie uns Erdlinge doch gar nicht gefunden! Bessere Antriebsaggregate haben sie, schneller sind sie, Lichtgeschwindigkeit ist für sie ein Fliegenschiss. Rein wissenschaftlich können sie

uns alles vormachen – aber mit der Schönheit, da hapert es schon gewaltig.

Nur, so langsam und allmählich geht es mir auf, dass die Außerirdischen bereits da sein müssen! Und das nicht nur in Mystery und Science-Fiction Filmen. Sie machen sich klammheimlich dort schon breit, wo die Masse der Fernsehzuschauer noch eher wegsieht, aber es eben doch so ganz im Unterbewusstsein mitbekommt: bei der Werbung.

Da fiel mir vor einiger Zeit ein Junge mit Froschaugen und schleimigem Blick auf, der die Prinzenrolle sabberndeweise „supergeil" fand.

Oder haben Sie die junge Dame näher betrachtet, die ihr Weihnachtsgeschenk, einen Topfhandschuh, nachsichtig lächelnd dreht und wendet und dabei feststellt, dass es bessere Geschenke gibt? Also wenn Schönheit weh täte, die würde keinen Laut von sich geben!

Und der schlaksige junge Mann, der auf die schnellen Nudelgerichte steht bzw. tanzt? Ein Bild von einem Mann ist der auch nicht! Die Nase zu lang und gebogen und der leicht irre Geierblick, als hätte er sich an dem Nudelgericht vor lauter Gier verschluckt.

Früher waren die „Leute vom Film" schönere Menschen als unsereiner, damit man auch etwas zum Träumen hatte.

Sicher wird es sich über kurz oder lang herausstellen, dass ich richtig gesehen habe: Die Außerirdischen sind schon da!

Oder sollte sich „hässlich" jetzt besser verkaufen?

Da wäre doch der Weg zum „Film" auf einmal viel einfacher!

Da hätte vielleicht auch ich noch eine Chance...

Die Götter sind unter uns...

Im alten Griechenland, und auch bei den Römern, da waren die Götter doch recht menschlich. Sie hatten Fehler und Schwächen und taten bisweilen nicht gut. Sehr gerne mischten sie sich auch unters Volk, ja vermischten sich gelegentlich sogar mit den Sterblichen. Besonders der Göttervater Zeus war in dieser Beziehung ein echter Filou. Wahrscheinlich war es ihnen auf dem Olymp mit seinen olympischen Disziplinen einfach zu langweilig.

Nun ist es aber beileibe nicht so, dass die griechischen oder römischen Götter in unserer Zeit ausgestorben und in Vergessenheit geraten wären. Weit gefehlt! Auch heute noch leben sie mitten unter uns. Von Zeus und seiner Gemahlin Hera hört man zwar nur noch selten, wobei Hera allerdings in moderner Verkleidung nun eine Schwatzrunde im Fernsehen geleitet hat, eingeleuchtet von Jupiter-Lampen... Der schöne Apollo, Herr der neun Musen, hatte schon immer den richtigen Durchblick. Logischerweise betreibt er heutzutage ein gut gehendes und angesehenes Brillenstudio.

Von seinen damaligen „Angestellten" steht Thalia, die Muse des Schauspiels, so manchem Theater vor. Urania hat es immerhin zur Patin einer Puppenbühne gebracht. Und Polyhymnia, die Muse des Gesangs, prägte jahrzehntelang den Anfangsteil ihres Namens auf Schallplattenhüllen und schwarze Scheiben. Im Zusammenhang mit ...dor = Gold. Sie soll es auch zu mehreren golden Schallplatten gebracht haben.

Die Göttin der Weisheit, Pallas Athene, ist wohl über die scheinbar nie endende Dummheit der Menschen verzweifelt und hat sich weitgehend zurückgezogen. Auch von Ares, dem Gott des Krieges, hört man zum Glück kaum noch etwas. Dafür ist sein römisches Gegenstück, Mars, als Produzent von Schokoriegeln in aller Munde.

Neptun wirbt für Fisch, wie es seinem Element entspricht. Die griechische Version des Meeresgottes, Poseidon, scheint Besitzer diverser Lokale zu sein.

Hermes, der Gott der Diebe und Götterbote, produzierte bis vor einigen Jahren Fahr- und Motorräder. Jetzt ist er auch im Versandhandel. Den römischen Merkur, damals mit den gleichen Aufgaben betraut, kennt man heute als Zeitungsmacher und Neueste-Nachrichten-Übermittler, wovon ja auch manche „gestohlen" sein sollen... Er ist also seinem Metier mehr oder weniger treu geblieben.

Die Nymphe Echo, die an unglücklicher Liebe starb, hat sich ebenfalls aufs Zeitungswesen verlegt und findet Widerhall in der Regenbogenpresse, wo es auch vorzugsweise um unglückliche Liebesgeschichten geht.

Der Flußnymphe Egeria war wohl die ewige Baderei auf die Dauer zu kalt und zu nass. Jedenfalls hüllt sie sich jetzt in Frottiertücher und Bademäntel, mit ihrem Namen als Markenzeichen.

Aphrodite vertreibt Schönheitswässerchen. Venus ist leider etwas auf die schiefe Bahn geraten und treibt sich eher im rotlichtigen Milieu herum. Ihr Sohn Amor bzw. Eros leitet die nach ihm benannten Zentren.

Vulkan hat nicht nur die feuerspeienden Berge pauschal benamst, er hat sich auch als Reifendichter beim Vulkanisieren einen Namen gemacht.

Demeter, die Göttin der Fruchtbarkeit und des Ackerbaus, vertreibt Bio-Kost. Und ihre Schwester im Amte, Ceres, bringt ihre Produkte, Cerealien, in den Kinder-Country-Schnitten unter.

Helios, den Sonnengott, findet man als Namensgeber von Solarien. Er hat auch in der Botanik seinen Platz gefunden, im Heliotrop, dem Sonnenhut. Ebenso wie Adonis, der Schönling, nach dem die Adonisröschen benannt wurden. Iris, die Göttin des Regenbogens, ist gleichfalls unter die Blumenzüchter gegangen. Und wir haben sie im Auge behalten!

Kronos, der Gott der Zeit, ist, wie kann es anders sein, Uhrmacher und handelt mit Chronometern.

Diana, die Göttin der Jagd, braut Franzbranntwein gegen Sportverletzungen und Sehnenzerrungen.

Aurora, die Göttin der Morgenröte, scheint sich mit einem Mühlenbesitzer verbunden zu haben: eine Mehlsorte ist nach ihr benannt.

Saturn ist auf dem Medienmarktsektor zu finden, und treibt darüber hinaus, genau so wie Pluto und Uranus, als Stern durch unser Sonnensystem.

Nur Bacchus, der Gott des Weines, ist völlig seiner ursprünglichen Aufgabe treu geblieben. Er gab einer Rebsorte seinen Namen und besitzt diverse Weinstuben.

Darauf wollen wir unser Glas erheben. Wir sind nicht von allen Göttern verlassen, sie leben immer noch mitten unter uns!

Peinlichkeiten...

So hin und wieder tut der Mensch einen Fehltritt.
Der muss nun durchaus nicht schwerwiegend, weltbewegend, lebensverändernd sein. Manchmal genügt schon ein kleiner Stolperer, das meine ich jetzt wortwörtlich und nicht im übertragenen Sinn, – und wir schämen uns. Warum eigentlich?
Seit der Mensch den aufrechten Gang erlernt hat, ist es ihm peinlich, wenn er sich einmal vertritt, stolpert oder gar fällt. Glaubt er, damit etwas von seiner Würde verloren zu haben? Findet er es unter seinem Wertgefühl, „im Staub zu liegen"? Dabei kann man doch meist nichts dafür, wenn man ein Hindernis übersehen hat, an einer Bordsteinkante, einem Treppenabsatz hängengeblieben ist. Freiwillig fällt kaum einer, er sei denn ein Stuntman, und der kann das so geschickt, dass er sich zumeist gar nicht wehtut dabei. Wenn ein „Ungelernter" fällt, kann das der Öfteren recht schmerzhaft ausgehen, aber so lange nichts gebrochen ist, steht man auf, klopft sich verschämt den Staub oder Schmutz ab und wehrt eventuelle Hilfestellungen und Nachfragen mit einer großartigen Geste ab: „Nichts passiert!" Oft ist aber doch etwas passiert, man hat sich den Knöchel angeschlagen, die nächsten Schritte schmerzen. Man hat sich die Rippen geprellt und es bleibt einem daher beinahe die Luft weg! Diesen Schmerz wird man noch nach Wochen spüren, aber sich etwas anmerken lassen? Vor fremden Leuten? Um keinen Preis der Welt! Und die blauen Flecken nach Möglichkeit verstecken.
Wie viel unkomplizierter sind da die Kinder! Die fallen hin, zugegebenermaßen nicht von so hoch oben, weil sie eben naturgemäß noch kleiner sind, und die heulen los! Meist ist es nicht der Schmerz, der ihnen Tränen entlockt, sondern eher der Schreck und der ist schnell überwunden, wenn jemand da ist, der tröstet. Falls gerade kein zuständiger Erwachsener zur Stelle sein sollte, unterbleibt zumeist sogar das Heulen, es würde ja keinen Zweck erfüllen. Aber die Heldentat „Ich bin hingefallen und hab gar nicht geweint!", die muss natürlich erzählt werden. Freilich gibt es gelegentlich auch aufgeschlagene Knie, abgeschürfte Handflächen, aber sind das nicht Zeichen eines erfolgreich geführten Kampfes gegen die Tücken des aufrechten Ganges?
Manchmal wäre es wirklich praktischer, man würde noch auf allen

Vieren laufen, aber sogar das Kleinkind legte diese Fortbewegungsart zumeist schon in seinem ersten Lebensjahr ab. Auf zwei Beinen zu gehen, zu schreiten, so stolzieren, zu wandern, zu laufen, zu marschieren, zu bummeln, zu flanieren, zu schlendern, zu spazieren, ist „menschlich". Ist zu fallen, zu straucheln, zu stürzen, auszugleiten, den Halt zu verlieren, hinzuschlagen, umzuknicken, umzufallen, umzukippen dann „unmenschlich"?
Auf alle Fälle ist es peinlich – irgendwie.

Unter Verdacht

Sie waren auf Weltreise. Nein, ganz so hochgestochen dann doch nicht. Sie kamen aus Amerika und waren auf Hochzeits- und Europareise. Janet sprach deutsch, wenngleich sie manchmal nach den richtigen Worten suchen musste. Sie war fünf Jahre alt gewesen, als ihre Eltern nach Amerika kamen. Der Vater war Flugzeugingenieur und hatte eine Stellung bei der Raumfahrtbehörde. Er war angesehen und gefragt und die Familie hatte sich gut eingelebt. Ihr Bruder Charlie war sogar dort geboren und hatte kaum noch Deutschkenntnisse, obwohl die Eltern meinten, es würde ihm nichts schaden, sich auch ein wenig an seine Wurzeln zu erinnern, aber die Versuche, ihn für Old Germany zu erwärmen, waren ziemlich fruchtlos geblieben.

Janet also hatte einen Amerikaner geheiratet, Jack Smith, der ein Kollege ihres Vaters war und von diesem auch ein wenig protegiert wurde. Bei den Grubers wurde er gern gesehen und so kam es beinahe folgerichtig, dass er sich in die Tochter seines älteren Kollegen und Vorbildes verliebt hatte. Die Hochzeit war disneymäßig gewesen, bunt, laut, mit vielen Gästen und einer dreistöckigen Hochzeitstorte. Und nun war das junge Paar eben in England angekommen, damit es für den Anfang nicht zu schwierig mit der Sprache sein würde. Frankreich, Belgien, Italien, Deutschland standen noch auf dem Plan. An Geld mangelte es nicht und auch Zeit hatten sie genug, etwa ein halbes Jahr würden sie unterwegs sein, bevor für sie der Ehealltag in dem inzwischen von den beidseitigen Eltern komfortabel eingerichteten Nest stattfinden konnte.

Wie gesagt, die erste Station war London gewesen. Schottland, Irland sollten anschließend kommen. Man würde eventuell bei der Krönung des neuen Königs, Charles den III. teilnehmen, ein wenig mitjubeln und vor allem dabei sein! Sie logierten in einem Old English Hotel, das ein wenig unmodern war, etwas Komfort vermissen ließ, aber gerade das war ja das reizvolle daran. Janet kam sich vor wie eine Lady aus dem vorvorigen Jahrhundert, hatte sich sogar entsprechende Kleidungsstücke besorgt: lang, wallend, dezent gemustert und dazu einen breitkrempigen, ausladenden Hut mit Blumenschmuck und einer glitzernden Spange, die ihn auf ihren Haaren halten sollte.

An einem Abend wollten sie noch ein wenig spazieren gehen, natürlich nicht in der altmodischen Gewandung, sondern mit Jeans und Trenchcoat. Jack trug eine weite, schwarze Lederjacke und eine karierte Schildmütze. Er rauchte eine gebogene Pfeife und sah aus, wie. Ja, wie denn? Wie ein Detektiv aus Soho: James Braghan vielleicht.

Die Nacht war lind und lau, sie hatten gut gegessen, vielleicht einen Whiskey, einen Sherry zu viel getrunken. Sie alberten herum. Nun ja, sie waren jung, sie waren verliebt, sie waren frei von den musternden Augen der diversen Eltern.

An einem offenen Tor kamen sie vorbei. Dahinter war eine Treppe. Wohin mochte sie führen? Es gab keinen Hinweis, auch kein Verbot. Da konnte man doch einmal nachsehen! Sie gingen also durch diese Pforte und die Treppe hinauf. Auf dem ersten Absatz war ein Hinweisschild: „Go ahead." Also weiter gehen. Beim nächsen Absatz genau das gleiche, nur der Hinweis: „Go ahead". Keine Tür, kein Eingang, nichts weiter, als das Treppenhaus, das sich ziemlich steil nach oben schraubte. Dann endlich eine Tür, eher eine Pforte aus schwerem Holz mit Ornamenten, Schnitzereien.

Ein Mann trat aus einer Nische. „ Your Cameras, please" . Er wollte also ihre Fotoapparate. Warum? Was verbarg sich hinter der geheimnisvollen Tür? Janet hatte ihre Minox in der Jackentasche. Die reichte sie nun dem Zerberus hin. Der besah sich diese Miniaturkamera, wendete sie hin und her und grinste dann. Für ihn war das ein Lighter, ein Feuerzeug. Janet versuchte ihm klar zu machen, dass das eine Kamera war! Darauf ein ernstes Nicken, der Hinweis, sich hier zu setzen. Ein paar Stühle standen vor dem Eingang zum – ja was eigentlich?

Von drinnen war Gemurmel, oft heftige Rufe und mehrstimmiges Geschrei zu hören. Wo waren sie hingeraten?
Sie setzten sich also und warteten ab. Was konnte noch passieren? In diesen Saal, der offensichtlich ein Sitzungssaal war, waren sie nicht eingelassen worden. Sie hatten auch gar kein Interesse daran, an den vielstimmigen Debatten teilzunehmen. Sie waren ja nur aus Neugier diese endlosen Treppen hinaufgestiegen, vielleicht in der Hoffnung, irgendwie die Turmstube des Big Ben zu erreichen.
Es dauerte eine Weile. Schon waren sie versucht, die Treppen wieder hinunter zu steigen, was ihnen der Wärter aber streng verwehrte. Dann kam die Polizei! Nanu? Was sollte das? Sie hatten doch nichts verbrochen. Waren nur auf ihrem Abendspaziergang hier vorbei gekommen und hatten aus Neugier die vielen Treppen bewältigt, ohne irgendeine Absicht, eine Hinterlist, den Plan eines Verbrechens.
Sie wurden abgeführt, als wären sie Spione, Agenten, wer weiß was noch. Sie hatten das englische Unterhaus abhorchen wollen!
Nach diversen Verhören, Versicherungen ihrer Unschuld, nach Vorlage ihrer Papiere und dem Hinweis, dass Janet ihre Minikamera hier ja überhaupt nicht benutzt hatte, sondern sie treu und brav auf die Anforderung hin abgegeben hatte, glaubte man ihnen endlich.
Allerdings wurde die Minox eingezogen, man musste den bisher geknipsten Film sehen, begutachten, als harmlos einordnen. Einige Urlaubsbilder gingen dabei verloren, aber ihre Unschuld war bewiesen. Sie durften weiter reisen, was sie auch sofort, schon am nächsten Tag, taten. Unter Hinterlassung von Janets Old-English Wardrobe. Auf diese Garderobe konnte sie verzichten! In Italien gab es sicher schönere, schickere, In-Kleidungsstücke als Souvenir von ihrer Hochzeitsreise!

's geht scho

Sollte heut mich wer fragen:
„Wie geht's?" muss ich sagen:
„Es ist zu ertragen
Erschossen, erschlagen,
gevierteilt, gerädert,
geteert und gefedert
und alles tut weh.
Aber ich bin o.k!"

Flohmarkt

Dass man auf einem Flohmarkt Flöhe relativ selten aufgabelt, das hat sich inzwischen wohl herumgesprochen. Gelegentlich bringt man Bücherläuse in diversen alten Schwarten mit nach Hause, aber auch diese sind meist, so wie die vergilbten Seiten der Bücher, vertrocknet und fast zu Staub zerfallen. Man geht also bestimmt nicht auf einen Flohmarkt, um Flöhe zu erwerben! Warum aber dann? Was möchte man sehen? Was sucht man?
Ich gehe dahin, um zu schauen, um zu sehen, was noch auf der Welt ist, was es noch aus einer Welt gibt, die vergangen ist. Was von Menschen übrig blieb, die es nicht mehr gibt. Denn das Leben vergeht, die „toten Gegenstände" überleben...
Was wollen die Leute nicht mehr? Was werfen sie weg? Was verschleudern sie, weil es ihnen nichts mehr wert ist? Wenn es ihnen aber nichts mehr wert wäre, müssten sie es doch verschenken? Geschenkt bekommt man auf dem Flohmarkt nur sehr selten etwas. Impressionen, Eindrücke, ja, die schon.
Den Eindruck, dass es doch sehr vieles gibt, von dem andere glauben, dass es ihnen selber nichts mehr bedeutet, wieder anderen aber doch noch etwas bedeuten, ein paar Euro wert sein könnte...
Ist es nicht nur wertloses Zeug? Was ist überhaupt „Wert"? Ein unbestimmter Begriff, dem jeder einen anderen Wert beimisst. Alles ist schon durchgesehen, taxiert, für unwert befunden worden, denn sonst hätte man es ja behalten, nicht zur Schau gestellt, nicht zum Kauf angeboten.
Vielleicht ist aber doch etwas dabei, das ich haben möchte, das für mich einen Wert haben könnte? Etwas, das zu mir spricht, von etwas spricht, zu meiner Sehnsucht, meinem Verlangen nach einer vergangenen Zeit, die so eigentlich nicht die meine war, denn sonst hätte ich doch selbst ein paar von ihren Zeugnissen zur Hand. Oder es fehlen mir welche, ich möchte die meinen ergänzen.
Gibt es etwas, das mich in Versuchung führen könnte? Finde ich etwas, das geheime Träume, erfüllen könnte? Der Reiz ist immer da – obwohl ich doch so eigentlich gar nichts „brauche", vor allem keinen alten Krempel, für den ohnehin der Platz fehlt. Nicht nur bei mir, sondern auch bei denen, die verkaufen. Verkaufen sie nicht, weil sie et-

was loswerden wollen? Weil die den Platz anderweitig brauchen? Für etwas anderes, das sie wiederum nicht brauchen... Was braucht man schon wirklich? Wenig, wenn man sich beschränken, einschränken muss – vielleicht nicht einmal einen Schrank hat. –
Die Sachen sind schmutzig, zerbrochen, nur dürftig repariert. Aber sie erzählen Geschichten! Geschichten von Leidenschaften, von Neigungen, Geschichten von anderen Leuten. Und nie ist das Leben interessanter, als wenn es von anderen erzählt! Meine Geschichte geht niemanden etwas an – aber die eines anderen, die interessiert mich! Auch wenn ich sie so direkt vielleicht nie erfahren werde, die Gegenstände, die er zum Verkauf anbietet, die reden, auch wenn es stumme Gegenstände sind.

Nichts brauche ich, nichts von dem alten Krempel, der durchweg wertlos ist. Wenn er etwas wert wäre, einen Wert hätte, würde er nicht am Flohmarkt angeboten werden. Aber so mancher verkauft seine Seele dort, ist ein Seelenverkäufer. So nannte man die Piratenschiffe, Sklavenschiffe, früherer Zeiten. – Die Zeiten haben sich gewandelt. Von den Verkäufern wird man mit Blicken taxiert. Kauft die, kauft sie nicht? Was interessiert sie wirklich? Schaut sie nur? Oder sucht sie nach der vergangenen Zeit, die auch ein Stück ihrer Vergangenheit war?
Manchmal nehme ich etwas in die Hand. Eine Erinnerung. Irgendwo, ganz weit da hinten, schlägt eine Glocke an. Aber nicht so laut, dass sie mir sagt: „Nimm das!" Ich brauche nichts, habe keinen Platz für Wertloses. Was man einmal besessen hat, kann man sowieso nicht nachkaufen. Vorbei ist vorbei. Trotzdem ist da gelegentlich das Gefühl des Habenwollens. Man könnte ein Geschenk kaufen, für jemanden, den man an etwas erinnern möchte, an eine längst vergangene Gemeinsamkeit. Man hat nicht vergessen. Aber vielleicht er, vermutlich er schon längst.
Der Gegenstand, und mit ihm das Erinnern, existieren noch, bei mir. Wahrscheinlich finde ich nicht, was ich suche, weil ich selber nicht weiß, was ich suche.
Und wenn ich es finde, ist es nicht das, kann es nicht das sein. Weil es nicht mein war...

Angst vorm Fliegen?

Haben Sie Angst vorm Fliegen?
Heutzutag', wo so viel geflogen wird! Und so weit. – Da darf man eine gewisse Flugangst schon beinah nicht mehr zugeben.
Selbst wenn Sie noch nie geflogen sind, und ich wette, da gibt es immer noch Leut', die so rückständig sind und kein Flugzeug besteigen, (ich gehör auch dazu), dann sind Sie garantiert doch schon geflogen!
Nicht hinaus, und das dann gar hochkant, beileibe nicht. Das will ich von niemandem behaupten.
Aber eine Fliege haben Sie sicher hin und wieder schon gemacht oder machen müssen. Es kommt halt in den besten Familien, will sagen auch Firmen, vor, dass man den Boden unter den Füßen verliert.
Oder Sie haben vor Freude, Glück und Wonne abgehoben, sind in den Wolken, im Siebenten Himmel geschwebt.
Obwohl Sie vielleicht nicht unbedingt ein Engel sind.
Und wer baut keine Luftschlösser?
So mancher ist ein schräger Vogel, windiger Bursche und hängt sein Mäntelchen nach dem Wind...
Doch es muss nicht unbedingt ein Luftikus sein, der Sie in der Luft hängen lässt.
Wenn Sie das nächste Mal in die Luft gehen, dann tun Sie's frei wie ein Vogel, auf den Flügeln bunter Träume! Ohne Angst vorm Fliegen.

Kinderstube

Statistisch gesehen stehen den Leuten jetzt mehr qm Wohnfläche zur Verfügung, als noch vor ein paar Jahren. Das heißt, wir alle bewohnen, statistisch gesehen, größere oder mehr Räume, als unsere Eltern oder gar Großeltern mit ihren Familien zur Verfügung hatten. Und die Familien sind kleiner geworden! So hat heute, und das nicht nur statistisch gesehen, doch beinahe jedes Kind sein eigenes Zimmer, wenn nicht gleich gar einen Schlaf- und einen Spielraum!

Was aber die Kinder heute sehr wenig haben, ist eine Kinderstube!

Nämlich die, die man früher lobend erwähnt hat: „Der oder die hat eine gute Kinderstube!"
Denn mit der Rücksichtnahme, der Höflichkeit und Freundlichkeit, die aus einer guten Kinderstube kommen, ist es nicht mehr weit her.
Ich will nicht verallgemeinern, aber unsere „Kids" sind anders, als wir noch waren. Selbstbewusster, was ja nicht unbedingt etwas schadet, aber eben auch rücksichtsloser dabei. Da wird mit den Schultaschen, den Rucksäcken herumgeschleudert, ohne sich erst einmal zu vergewissern, ob nicht jemand hinter ihnen steht und getroffen wird. Eine Tür für den Nachkommenden aufzuhalten, das gibt es nicht mehr. Die kleinen Wörtchen „bitte" und „danke" scheinen einer fremden, unerlernbaren Sprache anzugehören.
Sie stürmen aus Bus und U-Bahn, als gelte es einen Hundertmeterlauf zu gewinnen, ohne darauf zu achten, dass sie vielleicht langsamere, ältere Personen anrempeln oder gar umrennen.
Sie fläzen sich auf die Sitze, belegen die Plätze mit ihren Taschen, legen die Füße auf die Polster, ohne zu bedenken, dass sich andere die Kleidung schmutzig machen, dass jemand vielleicht eher ein Anrecht auf einen Sitzplatz hätte. Und sie geben freche Antworten, wenn man sie auf ihr Fehlverhalten anspricht: „Ich kann machen was ich will!" Oder gar: „Sie haben fremden Kinder nichts zu sagen."

Das ist es eben. Die meisten trauen sich schon nicht mehr, fremden Kindern etwas zu sagen, sie zu Recht zu weisen aber auch, sie um den Sitzplatz zu bitten. Da steht eine alte Frau, beladen mit zwei schweren Einkaufstaschen und klammert sich an die Haltestange. Daneben sitzen zwei Buben im Alter zwischen zehn und zwölf und schauen angelegentlich zum Fenster hinaus, kichern und albern miteinander, schupsen und stoßen sich an. Schauen interessiert in ihre Handys. „Die blöde Alte, die soll ruhig stehen."
Eben, die blöden Alten sind ja selber schuld, warum haben sie die Kinder nicht besser erzogen? Zu mehr Rücksichtnahme, Freundlichkeit und Höflichkeit. Vielleicht liegt es daran, dass es heute keine „Höfe" mehr gibt? Aber es gibt auch sehr selten eine gute Kinderstube…

Leblose Dinge?

Wir wissen, dass es außer den menschlichen, tierischen und pflanzlichen keine Lebewesen gibt, die aus Überlegung oder Instinkt heraus handeln können. Von den Naturgewalten wie Sonne, Regen, Wind, Hagel und Schnee einmal abgesehen, kann kein lebloses Ding sich auf irgendeine Art und Weise äußern, bewegen oder verändern. Wenn mir jetzt jemand mit dem Phänomen des Tischchenrückens oder Pendelns kommen möchte, dann muss ich ihn in den Bereich des Okkulten, des Unerklärlichen, verweisen. Die leblosen Dinge, von denen ich reden möchte, sind ganz normale Gegenstände, wie sie in jedem Haushalt vorkommen – und die dennoch auf oft unerklärliche Weise zu „leben" scheinen. Nicht nur zu leben, sondern sich ausgesprochen tückisch zu verhalten!
Ist es Ihnen noch nie passiert, dass Sie beispielsweise beim Bügeln ganz unbewusst versucht haben, auch die Haut Ihrer Hand gleich mitzuglätten? Oder dass Ihnen beim Zwiebelschneiden das Messer ausgerutscht ist und anstelle der Zwiebel Ihren Finger geschnitten hat? Das Staubsaugerkabel, das sich wie eine träge Schlange in der Diele herumringelt, wurde das nicht auch schon für Sie zur Fußangel? Oder der Gartenschlauch, der sich plötzlich, unter Druck gesetzt, selbstständig gemacht hat und ihre frisch geputzten Fenster abspritzte?
Wie ist es mit dem Nagel, der partout nicht in die Wand hinein will und sich eher krumm als einschlagen lässt? Und dann der Hammer, der anstatt auf dem Kopf des Nagels auf Ihrem Daumen landet! Sie glauben, es läge an Ihrer Ungeschicklichkeit, an Ihrer Unaufmerksamkeit, Ihrer nicht ganz korrekten Handhabung der Gegenstände? Da bin ich gar nicht so sicher. Könnte es nicht sein, dass sich diese „toten" Dinge auf diese Weise dagegen wehren, von uns einfach „benutzt" zu werden?
Wie war das mit dem Schlüssel, der im Schloss der Wohnungstür Ihrer Freundin ausgerechnet dann abbrach, als diese in Urlaub war und Sie dort die Blumen gießen wollten? Ein für Sie fremdes Haus, Bewohner, die Sie nicht kannten. Wie kommen Sie dazu, in diese Wohnung eindringen zu wollen? War da nicht der Schlüssel irgendwie der Hüter seiner Herrin?
Oder dass der Kühlschrank gerade vor Weihnachten den Geist auf-

gibt, als man die ganzen Einkäufe für das Fest einlagern wollte. Wehrte er sich da nicht gegen die Mehrarbeit? Oder meinte er es gut mit Ihnen und wollte Sie vor der Todsünde der Völlerei bewahren?
Irgendwie leben diese „leblosen" Dinge doch! Sie bewahren und behüten uns, sie warnen und maßregeln uns. Und wenn der Bildschirm meines Computers jetzt auf einmal schwarz wird und mein Artikel verschwindet, dann will er mir damit sicher sagen: Lass doch das Geschreibsel! Das interessiert ja keinen. Geh lieber die Socken stopfen, die schon seit drei Wochen im Korb liegen und warten. Und dabei steche ich mich dann in den Finger! Was will mir die Nadel damit sagen? „Ungeschickt lässt grüßen! Deine Mutter konnte das viel besser!" Ich glaube, ich gehe jetzt neue Socken kaufen – und dann reiße ich mir beim Aufklipsen der Metallzusammenhaltklammer den Fingernagel ab. Was habe ich denn jetzt schon wieder falsch gemacht?!

Unauffällige Kleinigkeiten

In jedem Haushalt gibt es die kleinen Dinge, die keiner gekauft hat und die doch da sind, auch ohne irgendwo gestohlen worden zu sein. Und, was das merkwürdigste ist, diese meist unauffälligen Kleinigkeiten vermehren sich, ohne dass jemand etwas dazu tut! Ist Ihnen das nicht schon selber aufgefallen?
Ganz bestimmt gibt es auch bei Ihnen Büroklammern. Zuerst hatten sie vielleicht eine. Die ist Ihnen mehr oder weniger „zugeflogen", sie hielt einen Brief zusammen, meist das Schreiben einer Behörde, einer Institution. Zu dieser einzelnen, einsamen Büroklammer kam bald, auf dem gleichen Wege oder sonstwie, eine zweite. Und von da an hatten Sie nie wieder Mangel an Büroklammern. Es muss sich also um ein Männchen und ein Weibchen gehandelt haben. Purer Zufall. Denn Sie hätten beispielsweise ja auch zwei weibliche Büroklammern miteinander in einer Schachtel für allerlei Krimskrams lagern können und nichts wäre passiert. Und falls Sie zwei männliche erwischt hätten, hätte sich auch wohl kaum eine Vermehrung dieser Spezies in Ihrem Haushalt zugetragen. Das kommt vor, ich gebe es zu. Meist, sehr häufig, fast immer, muss ein geheimnisvoller Mechanismus oder eine Fügung des Büroklammernschicksals dafür sorgen,

dass zu der schon vorhandenen, entweder männlichen oder weiblichen Klammer, eine gegengeschlechtliche kommt. Falls das das Fall ist, was meistens der Fall ist, vermehren sich die Büroklammern. In Döschen, Schächtelchen, Schubladen, Briefkuverts, wo immer man sie aufbewahrt, es werden mehr. Allerdings scheinen sie ihrerseits doch eine Art Geburtenkontrolle auszuüben, was man hier lobend erwähnen muss. Überhand nehmen sie selten, aber man hat auf diskrete und unauffällige Weise immer eine ihrer Art zur Hand.
Das gleiche gilt für Gummiringe. Sie wissen schon, diese dünnen, meist roten, sehr elastischen schmalen Gummiringe, die man über diverse gebündelte Dinge ziehen kann. Gummiringe scheinen ebenfalls ein geheimnisvolles, schwer durchschaubares aber nichts desto trotz recht lebhaftem Liebesleben zu führen. Auch sie vermehren sich in einem Haushalt, der ihnen einen einigermaßen geeigneten Nährboden bietet. Ich kann mir nicht vorstellen, dass Sie schon einmal Gummiringe gekauft haben. Zumeist braucht man nur einen oder zwei von dieser Sorte. Würden Sie sie kaufen, müssten Sie eine Packung mit mindestens zwanzig Stück erwerben. Damit würden Sie einer unkontrollierten Vermehrung Tür und Tor öffnen! Kaufen Sie keine Gummiringe! Vielleicht finden Sie einmal einen auf der Straße, kommt ja vor. Und ein zweiter erscheint bald darauf auf dubiose Weise in Ihrem Haushalt. Damit ist Ihre Versorgung mit Gummiringen für alle Zeiten gesichert. Sie werden nie mehr einen suchen, ohne einen zu finden!

Als dritte Spezies mit dieser geheimnisvollen Zuwachsrate erkannte ich noch die Tütchenklammern. Diese erwerbe ich zwar zusammen mit beispielsweise Lebkuchen- oder Plätzchen. Sie werden mir um Bonbontütchen geklammert und erscheinen im Gefolge von selbstausgewählten Pralinen. Sie sind dem Süßen Leben recht zugetan, eignen sich aber, so bald sie im Haushalt Fuß gefasst haben, durchaus auch für so profane Aufgaben, wie angebrochene Nudelpackungen, nicht ganz aufgebrauchte Tiefkühlerbsen und so weiter zusammenzuklammern. Auch als Verschluss weitergegebener Zuwendungen beinahe jeglicher Art bieten sie sich an. Verschlussklammern gibt es in verschiedenen Farben und Längen. Sie haben zumeist ein ausgeprägtes Standes- und Stammesbewusstsein und vermehren sich untereinander nur sehr selten. Es gibt zwischen einer schlicht-weißen und einer goldenen keine Liaison. Sie tragen auch sehr oft ein Verfallsdatum. Nicht das ihre, sondern das der Ware, die sie einst umklammerten. Mit diesem Aufdruck sind sie dann offenbar auch selber abgestempelt. Man kann, nach einigem Zeitabstand, dann zwar nicht mehr ihre Herkunft, aber ihr Alter eruieren und das nehmen sie übel und gehen aus dem Leim, bzw. aus der Klammer, der Umklammerung.

Andererseits haben auch Gummiringe keine unbegrenzte Lebensdauer. Sie werden, meist durch Ungebrauch, mürbe und zerbröseln unter den Fingern. Diese, die Finger, sind für Büroklammern ebenfalls nicht der richtige Umgang. Oder haben Sie noch nie eine Büroklammer aufgebogen, umgebogen, „künstlerisch" gestaltet? Und das nimmt dieser zumeist sehr nüchterne und realitätsbezogene „Gebrauchsgegenstand" übel. Nicht miss-, gebraucht will er werden! Das ist sein Lebenszweck und -inhalt! Und um diesen zu erreichen, geht er bis zur Selbstaufgabe. Er lässt sich selten verkaufen, er verschenkt sich...

Haben Sie keines dieser selbstlosen Wesen in Ihrem Haushalt? Kaum vorstellbar.

Wann war das letzte Mal?

Wann haben Sie zum letzten Mal ein Schmalzbrot gegessen? Eines mit zusammengeschnurrten, „ausgelassenen" Speckbröckerln, braun angebratenen Zwiebeln?

Vielleicht ist das schon lange her, weil Sie sich jetzt „bewusst" ernähren und derart kalorienträchtige Genüsse meiden.

Wann haben Sie zum letzten Mal getanzt, ausgelassen, fröhlich, nicht gezwungen, weil man es von Ihnen auf irgendeiner Feier, einem Fest erwartete?

Wann waren Sie zum letzten Mal im Kino? In einem Film, den sie sich selber ausgesucht haben, der Ihnen nicht vom Fernsehprogramm in die Wohnstube geliefert wurde und den Sie nur ansahen, weil halt grad nichts Besseres im Angebot war?

Wann haben Sie zum letzten Mal gelacht? Von Herzen, aus dem „Bauch heraus"? Oder ist Ihr Leben so ernst, nehmen Sie es so ernst, dass Sie gar nicht mehr lachen können?

Wann haben Sie zum letzten Mal geweint, hat etwas Sie so gerührt, angerührt, dass Sie sich nicht verstohlen die Tränen abgewischt haben, sondern zu Ihren Gefühlen standen, ihnen freien Lauf ließen?
Wann haben sie sich zum letzten Mal verliebt? Sie glauben, das „geht" gar nicht mehr, über derartige Eskapaden wären Sie längst hinaus?
Wann hatten Sie das letzte Mal Herzklopfen? So richtig, dass man es im Kopf spürte, weil einem eben wirklich etwas am Herzen lag?
Wann haben Sie das letzte Mal einem wildfremden Menschen zugelächelt, vielleicht sogar mit ihm gesprochen, ihn angesprochen, aus einer ursprünglichen Sympathie heraus, ohne zu bedenken, dass Sie sich vielleicht lächerlich machen, ein Kopfschütteln ernten könnten?
Wann waren Sie zum letzten Mal richtig glücklich? Wissen Sie noch, wie das ist, glücklich zu sein? Oder haben Sie inzwischen viel zu viele Bedenken, spontan zu reagieren?
Wann haben Sie zum letzten Mal Ihre Wünsche durchgesetzt? Nicht mit Gewalt oder gar Androhungen, sondern mit wirklich guten Argumenten, mit Überzeugungskraft – und mit Erfolg!
Wann waren Sie zum letzten Mal mit sich zufrieden? Und nicht nur mit sich, auch mit der Welt, mit den Gegebenheiten, Ihrer Umgebung? Wann konnten Sie sich und Ihr Leben zum letzten Mal voll akzeptieren?
Was ich mit meinen Fragen bezwecke?
Wann haben Sie zum letzten Mal darüber nachgedacht, dass es vielleicht zum letzten Mal sein könnte, dass Sie ein Schmalzbrot essen, tanzen, ins Kino gehen, lachen, weinen, sich verlieben, Herzklopfen haben, lächeln, jemanden ansprechen, der Sie interessiert, glücklich sind, Wünsche haben, sich akzeptieren und zufrieden sind?
Wie schnell sagt man doch „zum letzten Mal", oder „beim letzten Mal", ohne zu bedenken, dass es vielleicht tatsächlich „das letzte Mal" gewesen sein könnte!
Lassen Sie zwischen dem „letzten Mal" und „dieses Mal" nicht zu viel Zeit vergehen, damit das letzte Mal nur wenige Chancen hat, endgültig „das letzte Mal" zu sein.
Wir leben zweimal: ein erstes und zugleich ein letztes Mal.
Und alles, was man beim real „letzten" Mal versäumt hat, wird es, kann es, kein nächstes Mal geben...

Lachen Sie nicht zum letzten Mal, freuen Sie sich nicht ein letztes Mal!
Und auch das „letzte" Schmalzbrot muss, wenn Ihnen wirklich etwas daran liegt, wenn sie es mögen, nicht das allerallerletzte gewesen sein, – so lange man sein Leben lebt!
Leben Sie! „Sicherheitshalber". Es ist zum letzten Mal....
Vermutlich.

Was uns gehört... Was gehört uns schon?

Von manchen Dingen die uns gehören, wissen wir nicht, woher sie stammen.
Natürlich haben wir dieses und jenes selbst gekauft, ehrlich erworben, geschenkt bekommen oder geerbt. Aber trotzdem gibt es überall, darauf möchte ich wetten, Gegenstände, von denen niemand sagen kann, wer sie vorher besessen hat, wem sie gehörten, wie sie an uns gelangt sind.
Wie ist es zum Beispiel mit dem kobaltblauen Väschen, das so fragil und zart ist, dass man es kaum berühren möchte? Am Rand ist es ein wenig angestoßen, denn schon zweimal wäre es beinahe umgefallen und wurde gerade noch erwischt. Es wäre schade, wenn's kaputtgehen würde, denn so etwas findet man nicht mehr. Bloß, woher ist es? Bei der Mutter war's im Nachlass. Von wem sie es hatte? Es ist nicht neu, wahrhaftig nicht, doch auch nicht aus der „gemeinsamen" Zeit.
Dann ist da die Halskette, die die Tante zur Hochzeit schenkte. Damals mit den Worten: „Sie möge Dir mehr Glück bringen, als sie mir gebracht hat." Später, viel später erfuhr ich, dass es ein Geschenk eines ‚Verehrers' an sie war. Warum gab sie sie weiter? Wer war der Mann, der nie mehr in Erscheinung trat? Woher hatte er das Filigrankettchen? Gekauft, oder bereits von seiner Mutter? Und wenn, woher hatte sie es?
Wie viele Wege und Umwege manche leblosen Gegenstände gehen!
Das kleine Schränkchen aus dem Antiquitätenladen. Nicht sehr wertvoll, sicher nicht. Aber wer hatte es vorher in Besitz? Was lag schon alles in seinen Schubladen? Briefe, selbstgestickte Tischtücher und Servietten, getrocknete Lavendelsträußchen.

Das Jugendstil-Ührchen. Schon lange „geht" es nicht mehr, das Uhrwerk steht still, der Perpendikel ist abhanden gekommen, die Zeiger deuten unverändert auf 5 Minuten vor 12. Beinahe wie eine Mahnung.
Gedrechselte Säulchen tragen das Zifferblatt mit den verschnörkelten Zahlen. Mein Vater hatte es in einem Uhrenladen gekauft. Der Besitzer, der es reparieren lassen wollte, hatte es nicht mehr abgeholt. Wo war es vorher, bevor es in meinen Besitz kam? Wie eifrig mag es wohl seine Stunden herunter getickt haben, damals, als es noch neu war! Und was waren das für Stunden? Immer fröhliche? Gewiss auch traurige, langweilige, lustige, vor allen Dingen lebendige! Was mag es gesehen und gehört haben? Und heute steht es ungerührt und unberührt bei mir auf dem Schreibtisch. Eigentlich ein nutzloser Gegenstand, einer, der seinen Sinn und Zweck nicht mehr erfüllt. Aber ich möchte es nicht missen. Jetzt ist es mein, genau so, wie das alte Tintenfass mit den eingetrockneten Tintenresten. Nicht mehr von mir benutzt. Wer hat vor mir seinen Federhalter da hinein getaucht? Briefe geschrieben. Welche Art von Briefen? Hoffnungsvolle, bittende, liebende, oder andere Schriftstücke...
Reden wenn sie könnten, die „leblosen" Gegenstände, die uns umgeben!
Sie können's nicht. Sie stehen nur da und sehen unsere Zeit, so wie sie die schon gesehen haben, die längst war und die noch sehen werden, die nicht mehr die unsere sein wird.
Tote Dinge?
Nicht, so lange wir sie „leben" lassen. So lange sie uns „gehören".
Aber was gehört uns schon? Alles im Leben ist geliehen, so wie das Leben selber. Mit dem, was einem nicht gehört, sollte man pfleglich umgehen.
Und man sollte zuhören lernen, denn auch die toten Dinge können reden, Geschichten erzählen!

Mami, bist du da?

Melanie Kreisler war mit dem Auto unterwegs und hatte es eilig. Es regnete so heftig; dass der Scheibenwischer kaum nachkam, die Wassermassen zu bewältigen. Außerdem waren die Scheiben angelaufen, so dass Melli sie auch von Innen immer wieder wischen musste, um etwas zu sehen. Und das im Mai! Mairegen soll ja recht gut sein für die Natur und den Kindern erzählt man, dass man davon besonders gut wachsen würde, groß und stark werden könne.

Groß und stark war der kleine Junge nicht, der plötzlich in Melanies Blickfeld auftauchte und sie heftig auf die Bremse treten ließ. So direkt hatte sie nicht sehen können, ob es ein Junge war, jedenfalls lag dicht am Straßenrand zusammengekrümmt ein Kind, ein Roller umgekippt daneben. Melanie stieg aus. Man durfte doch ein Kind nicht im Regen liegen lassen! Vielleicht hatte es sich verletzt? Es war ein Bub, der dort lag, die Beine unter den Leib gezogen, er hielt sich die Hände an den Kopf und wimmerte. Vorsichtig versuchte Melanie ihn aufzurichten, aber das Kind schrie auf. Sie hob es behutsam hoch und sah sich um. Offenbar war der Junge mit seinem Roller den Abhang herunter gefahren, an einen Baum gestoßen und hatte sich verletzt. Er blutete aus einer Kopfwunde. Weit und breit war kein Mensch zu sehen. Was sollte Melli tun? Es war zu kalt. es war zu nass, auf keinen Fall konnte sie das verletzte Kind hier liegen lassen. Sie trug es also zu ihrem Auto und bettete es vorsichtig auf den Rücksitz, legte eine Decke um die wimmernde Gestalt und fuhr los, die Heizung eingeschaltet, denn nun fror sie selber war bei dieser Aktion reichlich nass geworden. Ins Krankenhaus, das war das Vernünftigste. Zum Glück kannte sie sich hier einigermaßen aus, sie war auf dem Weg zu ihrer Mutter, um den morgigen Muttertag bei ihr zu verbringen. Wo war die Mutter des Jungen? Offensichtlich hatte sich niemand um ihn gekümmert, ihn in den Regen hinaus geschickt und nicht nach ihm gesehen.

In der Notaufnahme sagte sie, sie hätte ein verletztes Kind im Auto und so kamen auch gleich zwei Sanitäter mit einer Trage, holten den Buben vom Rücksitz und fuhren mit ihm auf die Erste-Hilfe-Station. Melanie sollte Angaben machen über Name, Alter, Adresse, aber das konnte sie nicht. Sie hatte das Kind ja sozusagen am Straßenrand aufgelesen, kannte es nicht, wusste nichts von ihm. Da fuhr man;es offenbar versorgt, an

ihr vorbei. Der Junge hatte einen Kopfverband bekommen, aber sonst schien er keinen Schaden genommen zu haben, nichts war eingegipst, also hatte er sich nichts gebrochen, aber seine Augen waren geschlossen, er schien überhaupt nicht mitbekommen zu haben, was mit ihm passiert war. Und genau das fragte Melanie Kreisler: „Was ist mit ihm?"
„Er hat eine Gehirnerschütterung und ist etwas unterkühlt. Wir bringen ihn jetzt auf Station."
„Kann ich mit?"
„Aber Sie kennen das Kind doch gar nicht, können keine Angaben machen",
„Ja, ich kann nur erklären, wo und wie ich ihn gefunden habe. Er ist so klein, so allein, wenn er aufwacht, sollte jemand bei ihm sein!"
Die Ärztin, die gerade über den Gang kam, hatte Melanies letzte Worte gehört. Sie überlegte kurz. „Wir haben hier genug Schwestern, da kann sich schon eine kümmern!"
„Er wird vielleicht nach seiner Mutter verlangen und dann sitzt da eine weiße Frau an seinem Bett. Er weiß nicht, was mit ihm passiert ist, wie er hierher gekommen ist. Er wird Angst haben, ich möchte bei ihm sein, seine Hand halten, wenn er aufwacht. Inzwischen können Sie ja die Polizei verständigen, damit die nachforscht, wohin das Kind gehört. Ich bleibe so lange!"
Eigentlich hatte sie gar keine Zeit, aber sie wollte das Kind auch nicht sich selbst überlassen. Die Schwestern waren doch sowieso immer gestresst, da konnte sich keine stundenlang zu ihm setzen und warten, bis er aufwachte. Sie griff nach dem Rollbett und ging einfach mit in das Zimmer, in das man den Buben brachte. Und dort saß sie, hielt sein Händchen, streichelte seine Wangen und flüsterte immer wieder: „Es wird alles gut. Es wird alles gut. Schlaf dich gesund, mein Bübchen."
Wie kam sie zu diesen Worten? Sie hatte kein Kind und außer ihrer Mutter keine weiteren Verwandten. Ach ja, sie musste Mama anrufen, die würde sich schon Sorgen machen, wo sie blieb. Sie nahm ihr Handy aus der Tasche und trat einen Schritt in den Flur hinaus, ohne das Zimmer ganz zu verlassen, das Kind aus den Augen zu lassen.
Sie saß noch da, als der Junge die Augen aufschlug, verwirrt herum sah, sie erschrocken ansah. „Mami, bist du da? Mami, wo bist du?"
„Ich bin da!" flüsterte Melanie. „Sei ganz ruhig. Bald geht es dir besser. Du musst dich gesund schlafen, dann wird deine Mami auch da sein und

auf dich aufpassen." Mir einem tiefen Seufzer legte sich der Bub zurück in die Kissen und schlief mit einem kleinen Lächeln ein.
Die Ärztin kam, um nach ihm zu sehen und flüsterte mit Melanie. Man hatte heraus bekommen, wie der Bub hieß, wohin er gehörte und was Melli dabei erfuhr, gefiel ihr gar nicht. Mario hieß der Junge und lebte im Waisenhaus oberhalb des Hügels, wo ihn Melanie gefunden hatte. Einen Vater gab es noch, aber er könnte sich nicht um seinen Buben ausreichend kümmern, hatte ihn darum ins Heim gegeben. In diesen Augenblicken reifte in Melanie Kreisler ein Entschluss. Mario sollte nicht umsonst nach einer Mutter gerufen haben. Es war ein langer Weg, aber sie wollte ihn gehen, mit allem, was ihr zur Verfügung stand. Mut und Kraft dafür hatte sie, für Mario.

Mein Stück Schlaraffenland

Sicher kennen Sie das Märchen vom Schlaraffenland, wo einem angeblich die gebratenen Tauben in den Mund fliegen sollen.
Also ich finde den Gedanken daran gar nicht so erfreulich. Kaum macht man den Mund auf, um irgendetwas zu sagen, oder um zu gähnen, schon hat man so einen gebratenen Vogel zwischen den Zähnen! Und überhaupt: unentwegt essen, weil die Würste wie Früchte an den Bäumen hängen? Weil die gesottenen und gebratenen Fische in den Bächen schwimmen, einem direkt zwischen die Finger, wenn man die Hand ins Wasser hält? Und aus den Brunnen sprudelt Wein. Da wäre man ja unentwegt bedudelt! Ein höchst ungesundes Land! Lauter Kalorien, Cholesterin, Alkohol…
Schon bei dem Gedanken, dass man sich, möchte man ins Schlaraffenland gelangen, durch einen Berg aus Brei hindurch essen muss, schüttelt's mich. Um welche Art von Brei handelt es sich dabei? Um Grießbrei, Reisbrei, Haferbrei? Mit Zucker und Zimt? Oder mit Apfelmus bzw. Kirschkompott? Und da muss man sich hindurch essen? Dabei würde einem das Zeug doch an den Haaren und den Kleidern kleben und man könnte sich nicht einmal ausgiebig baden oder duschen, wenn man im Schlaraffenland angekommen ist, weil's dort ja kein Wasser, sondern nur Wein gibt!
Jetzt könnte man vielleicht annehmen, dass ich gar nichts von den sogenannten „leiblichen Genüssen" halte. Außerdem, brauchen wir noch das Schlaraffenland? Wir leben doch mittendrin! Gehen Sie nur einmal in die Feinkostabteilung eines Kaufhauses oder über den Viktualienmarkt. Hier gibt es alles „was das Herz begehrt"!
Freilich, bezahlen müssen Sie schon an den Kassen, da führt der Weg über Ihren Geldbeutel und nicht durch einen Breiberg. Ich selber brauch das alles nicht, ich habe mein ganz persönliches Stück Schlaraffenland, und das seit den Kindertagen:
Diese Kindertage fielen mitten in die Kriegszeit und vielleicht rührt daher meine Vorliebe für einen „Genuss", den man sich heute praktisch alle Tage gönnen kann, der eigentlich gar nichts Besonders mehr ist: Ein Butterbrot!
Eine Scheibe frisches, am Rand knuspriges, in der Mitte weiches, noch leicht warmes Brot und darauf so dick Butter, dass man, wenn

man hineinbeißt, den Abdruck der Zähne sehen kann. Dazu einen Apfel, grün, ein bisschen säuerlich, mit einem kleinen Hauch von „gestohlen" und „verboten".
Als ich ein kleines Mädchen war, gab's Lebensmittel nur auf Marken. Ich weiß nicht, wie viel Gramm Fett pro Kopf und ob's überhaupt Butter war, aber die Endstation unserer damaligen Sonntagsausflüge (zu Fuß) war immer ein Bauernhof, wo es, zumindest für mich blasses Stadtkind, ein Stück Butterbrot und einen Apfel gab. Wen wundert es da, dass meine kindlichen Spiele unter der Woche so aussahen;
Mit dem Puppenwagen durch Schlafzimmer, Wohnzimmer, Kinderzimmer in die Küche:
„Grüß Gott Eggerbauer. Könnten wir ein Butterbrot haben?"
„Oiwei de ausghungerten Stadterer! I hab koan Butter und koa Brot fia Eich!"
„Aber bittschön, ich hab doch die Marken dabei!"
So war es auch die höchste Belohnung, die ich mir für eine gute Tat vorstellen konnte: Ein Butterbrot!
Es war in einer Silvesternacht und man hatte mich, die Vierjährige, zu Bekannten mitgenommen, um dort das Neue Jahr in Empfang zu nehmen. Ich hatte mich aber sehr bald, übermüdet, irgendwo zwischen zwei Schränke verkrochen und war eingeschlafen, was von den Erwachsenen im Trubel des Feierns nicht entdeckt wurde. Erst als die Neujahrsglocken läuteten, erinnerte man sich wieder, fischte mich aus meiner Ecke und trug mich nach Hause in mein Bettchen. Dafür versprach ich dem Onkel, der mich auf den Arm hielt, ein Butterbrot und murmelte noch schlaftrunken, als man mich ins Bett brachte: „Da Onkel Postmeister kriagt no a Butterbrot!"
Auch heute mag ich mir gar nicht gerne die Butter vom Brot nehmen lassen!

Pfui Deife!

Zur Brotzeot gibt's beim Schreiner Frick
Weißwürst, fia jeden drei, vier Stück.
Aus Preißn hams an neia Gselln,
der duad fia si oa Wurst grad bstelln.
De andern tringan eahna Bier,
da holt er d' Thermosflaschen via,
trinkt aus seim Becher na zur Wurscht.
Was hat er drinna fia sein Durscht?
Da Franze schaugt in d' Flaschn nei:
„Pfui Deife!" ruaf er nachad glei,
„der trinkt zur Weißwurscht an Kakao!
Mei liawa Freind, du bist a Sau!"
Da anda find des garned witzig.
„Das geht nur mich an!" sagta spitzig.
„Ich mag Kakao, damit ihr's wisst.
Mir ist es wurst, was man hier isst!"
Da Franze packt den Becher glei
und giaßt des Gsöff in Ausguss nei.
„O mei, was san de Preißn bleed!
Dass uns graust, an des denkst du need!"

Wia d' Jungfrau zum Kind...

Da Wieland Hias vom Nachbarhaus
huift wo er ko moi ganz gern aus.
Er richt an Toaster, 's Radio.
Er streicht as Gartentürl o.
Er maht as Gras, bringt d' Zeidung rauf,
und schaugt a moi auf d' Kinder auf.
Jetzt neilings, mia hat's grad pressiert,
hat er mei Radl repariert.
Geld nimmt er koans, wia i mia denk,
so bsorg i glei fia eahm a Gschenk.
I war no nia in seiner Hüttn,
doch gern duad er mi einabitten.
Scho in da Diele, kaum zum fassen,
da siehg i Bierkriagl in Massen!
Und in am Kastl in da Stuum,
da stehngan guad zwoa Dutzend rum.
Mei sag i: „Sammeln Sie de Dinger?
Na dua i Eahna 's Rechte bringa"
Denn drinna in mein Dank-Schön-Päckl
hab i an Bierkruag mit am Deckl.
Er grinst mi o mit helle Augn,
aus dene duad as Schlitzohr schaung:
„Zu dene Kriagl in meim Spind
kimm i wia d'Jungfrau fast zum Kind.
Gschenkt kriag i's erste, 's zwoate Stückl
und de vermehrn se wia d' Karnickel!
Da braucht ma garnix weida doa,
des Glump, des sammelt se alloa!"

Mein grüner Salon

Früher gab es den nur in Fürsten- oder hochherrschaftlichen Bürgerhäusern. Und meist hatten diese Salons ihren Namen nach der Farbe der Tapeten, mit denen sie ausgeschlagen waren: der Gelbe Salon, der Blaue, und eben der Grüne.
Mein grüner Salon ist kein Extra-Zimmer in meiner nicht gerade übermäßig großen Wohnung und Tapeten hat er schon überhaupt keine. Ich habe ihn auch nur im Sommer, von Mai, nach den Eisheiligen, bis ungefähr Mitte Oktober. Dann muss ich ihn wieder auflassen, zurückverwandeln, für den Herbst, den Winter, herrichten. Da ist er meist nur noch grau, gelegentlich weiß, aber eben nicht mehr grün. Und kalt wird es auch, denn er kann nicht geheizt werden. In den Schlössern war das zwar früher ebenfalls der Fall, da konnte man nur ganz wenige Räume heizen und die meist mühsam, weil sie viel zu hoch und zu groß waren, um richtig gemütlich warm zu werden, trotz riesiger gusseiserner Öfen oder sogar einer „Etagenheizung", die die Dienstboten „unsichtbar" vom Treppenhaus aus fütterten – und die Herrschaften froren doch in ihren Salons.
Mein grüner Salon ist nichts weiter – als mein Balkon. Denn in der warmen Jahreszeit, schicke ich meine ganzen Zimmerpflanzen auf „Sommerfrische"! Wie ihnen das gefällt! Unbelästigt von Zimmerstaub und Rauch, an der Luft, vom Wind umschmeichelt, gestreichelt, auch einmal durchgeschüttelt, vom Regen nicht ganz unverschont, wenn er einmal schräg fällt und bis in den Balkon hereinkommt. Das reckt sich und streckt sich, bildet Triebe und Blüten, schwelgt in Farben und kann sich nicht genug tun im Wetteifern untereinander. Sogar die Kakteen, die sonst mürrisch und stachlig dastehen und so aussehen, als möchten sie keinen Kontakt zu den anderen, zeigen ihre seltenen gelben, weißen oder roten Becherblüten.
Besuch kommt auch. Schmetterlinge, Bienen, bisweilen Ameisen, Blattläuse und Marienkäfer. Hin und wieder beäugt eine schwarze Amsel mein botanisches Gärtchen oder ein gelb-weißes Federchen von einer Kohlmeise hängt in den Zweigen, hereingetragen vom Wind. Flaum, leichter als Schnee.
Eine Gartenbank habe ich ebenfalls in meinem grünen Salon, natürlich in grün. Der künstliche Rasenteppich ist grün, die Gießkanne

selbstverständlich, nur das Windlicht, wenn der Abend einmal zum Hinaussetzen lau genug ist, flackert freundlich in warmem Gelb.
Ein Meer von grünen Baumwipfeln wogt um meinen Salon, alles ringsum hat diese Farbe und tut den Augen wohl. Und dem Herzen. Und der Seele.
Urlaub in Balkonien. Warum denn nicht? Leider ist auch hier die Saison recht kurz, zu kurz. Und wenn die Pflanzen wieder in die Wohnung müssen, dann klammert sich so mancher Trieb an die raue Wand und ist nur schwer los zu bekommen. Geht's uns nicht gerade so, wenn der Urlaub vorbei ist?

Noch ein kleiner Nachtrag in *grün* gefällig?

Wenn einem jemand *nicht grün* ist, ist er uns nicht wohlgesinnt.

Besser schon, wenn uns einer einlädt: *Komm an meine grüne Seite!* Dann mag er uns, möchte uns an seiner Herzseite haben.

Grün bedeutet ja auch Freie Fahrt!

Wenn etwas *über den grünen Klee* gelobt wird, dann bewundert oder verherrlicht man evtl. eine Person über alle Gebühr.

Aber schlimm ist der dran, der *auf keinen grünen Zweig kommt*. Dann ist *Hopfen und Malz* verloren und es wird nichts mehr aus ihm.

Engelskuss

Noch schläft der Wein in reifen Trauben,
die sonnenschwer der Winzer bricht...
An Edelsteine könnt' man glauben,
hebt man die Dolden gegen ‚s Licht.

Ein Hauch von Reif umgibt die Schale,
so dass ich mir nicht sicher bin:
ist's Jade? Schimmernde Opale?
Geschmeide einer Königin?

Nur Früchte! Sonnenmüd getrunken,
die man jetzt zu der Presse fährt.
Mit einem Seufzer drin versunken...
Geschmolznes Gold, das wiederkehrt!

Sieh doch, wie's funkelt in den Gläsern!
Wie's nach gefang'ner Sonne schmeckt!
Nach Erde, Wind und auch nach Gräsern
nach all der Müh', die drinnen steckt.

Und die sich zauberisch gewandelt
in kostbar-köstlichen Genuss!
Weil sich's doch um was Edles handelt!
Vielleicht vom Paradies ein Gruß?...

Wenn du jetzt deine Augen schließt,
wenn du dein Gläschen Wein genießt,
wenn's lind dir durch die Kehle fließt,
dann spürst du ihn: den Engelskuss!

Dicke Freundschaft

Ganz im Vertrauen: Ich möchte Ihnen heute etwas über meine Freundin erzählen, die ich sehr liebe. Um keine Missverständnisse aufkommen zu lassen: Ich bin nicht lesbisch, mag und schätzte Männer sehr, wenn sie es uns bisweilen doch recht schwer machen, sie richtig zu verstehen und zu nehmen. Aber ich denke, da geht es ihnen mit uns nicht anders. Man muss immer und überall ein wenig Abstriche machen, nachgeben, sich zurücknehmen, Verständnis zeigen, ein oder zwei Augen zudrücken und möglichst bedingungslos lieben. Genau das schenkt und gibt mir meine Freundin, aber ohne selber etwas dafür zu verlangen. Ein wenig Pflege vielleicht. Bisweilen darf ich ihr sogar handgreiflich näher rücken, indem ich sie abklopfe, vielleicht ein wenig zu grob behandle. Aber sie nimmt mir das nicht übel. Im Gegenteil, sie nimmt mich immer liebevoll auf, wenn mir danach ist, wenn ich ihre Gesellschaft suche, in ihre warmen Arme sinke und mich völlig gehen lasse.
Im Sommer ist unsere Freundschaft nicht so innig, ich gebe es zu. Kann sein, dass ich sie dann etwas vernachlässige und mich anderweitig verwöhnen lasse. Aber sie nimmt es mir nicht übel, weiß sie doch, dass ich, sobald die kalten Tage kommen, wieder zu ihr flüchte, bei ihr schlafe, mich an sie kuschle und unsere Zweisamkeit recht innig genieße. Es gibt fast nichts, dass ich bei ihr nicht tun kann oder gar tun darf. Sie nimmt nichts übel, beispielsweise wenn ich lese, fernsehe, nebenbei esse, in meinen Laptop etwas suche, arbeite, ihr so gut wie keine Aufmerksamkeit widme. Bei ihr kann ich mich gehen lassen, muss keine Benimmregeln einhalten, kann sie mit nichts kränken. Sie ist nachsichtig mit mir und sehr geduldig. Sie murrt und meckert nie, auch wenn ich vielleicht einmal zu viel rumbrösle, eventuell sogar meinen halben Kaffee auf ihr entleere, weil mir die Tasse einfach aus der Hand gerutscht ist. Sie nimmt nichts übel, knarrt vielleicht einmal etwas verhalten, knackt leise und quietscht vor sich hin. Ernst kann ich das nicht nehmen. Sie ist ja leider auch nicht mehr die Jüngste und da melden sich die kleinen Wehwehchen.
Sie hat immer ein offenes Ohr für mich, falls mir einmal zum Heulen ist, weil ich vielleicht einen kleinen Kummer hatte, Kopfschmerzen, Magendrücken, sie nimmt mich in ihre Arme, ist verschwiegen.

Macht in allen Lebenslagen einfach alles mit und ist für mich da. Gelegentlich schenke ich ihr etwas für all ihre Liebe und Zuneigung: ein neues Kuschelkissen, das letzlich wieder mir selber zugute kommt, ein neues Plaid, um ihre kleinen Fehler abzudecken, für die sie sich übrigens nicht schämt und nie nach eine Erneuerung und Anerkennung verlangt. Sie nimmt mich immer auf, wenn mir danach ist, ich kann wirklich alles bei ihr abladen, sie ist irgendwie dafür gemacht, alles wegzustecken, was mich bedrückt. Auch eventuell abfallende Krümel schluckt sie, versteckt sie in ihren Falten. Bisweilen allerdings auch mein Handy, nachdem ich dann graben muss, weil sie es anscheinend verschluckt hat. Aber daran ist meine eigene Nachlässigkeit schuld, ich hätte es ja auch auf den Tisch legen können und nicht auf ihren Bauch.

Ja, ich geb es zu, meine Freundin ist ein wenig füllig, aber gerade das macht sie so angenehm, so gemütlich. Ihr Stammbaum reicht übrigens bis ins 17. Jahrhundert zurück, sie war in besten Kreisen zu Hause und gab sich entsprechend vornehm. Sie hatte damals auch einen anderen Namen, nannte sich französisch. Damals war sie allerdings nicht ganz so angenehm, aber vermutlich etwas schöner, als meine Freundin heute. Die hat eine Kuhle in die ich mich am liebsten rein kuschle, keine Sprungfedern, die drücken, sich in meine „Polster" bohren. Zwar ist sie keine Schönheit mehr, dafür sind wir schon zu lange beisammen, aber was zählt, sind doch die inneren Werte. Sie ist anschmiegsam, verschwiegen, immer für mich da, wenn mir danach ist. Ich möchte sie nicht missen, meine Couch, die mir schon seit Jahren zu Diensten ist, zur Seite steht und mich immer mit offenen Armen aufnimmt.

Lied ohne Worte

Ein Liebeslied wollt' ich dir schenken,
eines, das nicht von Liebe spricht.
Ganz neue Worte wollt' ich denken,
doch neue Worte find' ich nicht.

Die alten sind so abgedroschen,
so ausgelaugt und viel benutzt.
So abgegriffen wie die Groschen,
die man doch selten einmal putzt.

Ein neues Lied. Wie kann ich's finden
für dich, der mir im Herzen wohnt.
Mit Worten, die nicht fesseln, binden. –
Ein Lied, das sich zu hören lohnt.

Nicht gilt's mir, Felsen zu erweichen.
Die Welt bewegen will ich nicht.
Dich nur allein soll es erreichen,
mein Lied, das ohne Worte spricht
von dem, was ich für dich empfinde
von dem auch, was du für mich bist:
Mein Lieb. Mein Leben. Meine Sünde.

Kein Wort fehlt, wenn dein Mund mich küsst.

Wörter wie Bilder

Aus meine Wörter möcht i Buidl macha,
de wo ma s e h n g konn, so, ois waarn s' aa gmoit!
Wia flüchtig is a Witz und „was zum Lacha".
I möcht mei Sprach so forma, dass ma s' h o i t !
Mit ihra lass i ‚s Droad im Wind se wiagn.
Wia kloane Flammen kimmt da Mohn drin vor.
Im Spätherbst lass i a Schar Graugäns fliagn.
Und wennst ganz staad bist, hörst ihrn heisern Schroa.

I zoag da ‚s Laub wia's hat de Sonna gfanga.
Leucht goldan auf. Valiert se, Blatt fia Blatt.
A Spur im Schnee. Da is a Rehkitz ganga.
Wia tiaf de Furchn se da eigra'm hat
vom Karrn, der knarrzend über ‚s Feld is g'rumpelt.
Des soitst du sehng, alloanig, wei i ‚s s a g !
Schaug, dort de Frau, de wo am Stecka humpelt,
hat schöne Augen. – Ganz tiaf drin a Klag'. –

I möcht mit meine Wörter wen berühren.
Hätt' gern mein Finger auf dei Herz naufglegt.
I möcht was zoagn. Und i lass mi gspüren.
Möcht alles teilen, was mi selm bewegt.

As Glück möcht i in tausad Stern eifanga!
I hätt di aa so gern zu Tränen g'rührt..
Ob meine Wörter fia des alles glanga?
Konn i ‚s so sagen, dass a Liad draus wird?

I möcht mei Sprach manchmoi zum Klinga bringa,
dass ma a Melodie da aussahört.
I lass a Glas in scharfe Scherben z'springa.
Du schneidst di dro – und hörst aa, wia des klirrt!

Mit Wörter zaubern. Oiss lebendig macha,
oiss neu erschaffen – ois waar's wirkle neu!
Und s c h m e c k a soit ma's, wia a Brot beim Bacha,
und gspian und hörn und sehng, ois waarst dabei
und mittendrin. In Sturm und Wind und Regen,
wenn ‚s Wasser ploodert und de Sonna sticht.
Konn i a wengl grod dei Herz bewegen,
na hab i, was i woit. Na is ois g'richt...

Aus meine Wörter möcht i Buidl macha.
A Musi, Liadl oder oafach reden.
So ab und zua möcht i a Liacht ofacha.
Gedankn spinna, so wia Suiberfäden...
Und damit Di, und Di, und Di eifanga...

Schee waar's, wenn meine Wörter so weit glanga!

Unser Dorf muss schöner werden!

„Unser Dorf muss schöner werden!" donnerte Bürgermeister Röhrmoser über die Köpfe der versammelten Gemeinderatsmitglieder hinweg.

„Warum jetzt des?" grummelte der Kiermeier Xare vor sich hin und sog an seiner kalten Pfeife, die er, damit sie ihm nicht zu tief in seinen zahnlosen Mund rutschte, mit einem Gummiring vom Bierflaschlverschluss gesichert hatte.

„Freile, du hast da koan Sinn dafür. Du bist ja a solchener Geizkragen, dass dei Joppen verschiedene Knöpf hat!" konterte der Röhrmoser den Einwand.

„Und warum na ned?" gab der Kiermeier raus, der nebenbei die Funktion eines Mesners versah. „Wenns ihr a anständigs Gerstl spenden daads in da Kirch, na hätten mir dahoam ned so vui verschiedene Knöpf!"

„Staad bist!" fegte der Wittmann Otto den Einwand vom Tisch und hielt dabei krampfhaft seinen Janker zusammen, an dem seit dem letzten Sonntag ein Knopf fehlte. „Recht hast Röhrmoser, unser Dorf muss schöner werden!"

„Aber was dees kost!" warf der Schneidermeister Plinganser ein und versteckte seinen ganz schneiderungemäßen Gschwollschädel hinter dem breiten Rücken vom Bäcker Hasibeder. Einstimmig nickten die Köpfe der Gemeinderatsmitglieder, wie bei einem eingstudierten Fernsehballett.

Mit einer großartigen Geste wischte Röhrmoser den Einwand vom Tisch. „Kosten spielen keine Rolle!"

„Öha!" wagte der Metzger Grailer den Mund aufzumachen. Spindeldürr war er, und man hörte sonst das ganze Jahr keinen Mucks von ihm. Er war auch jetzt, erschrocken, wieder ganz still.

„Am fünfzehnten Mai eröffnen wir die diesjährige Fremdensaison." Röhrmoser ließ sich nicht aus dem Konzept bringe. „Und bis dahin muss etwas geschehen sein. Sollen d' Gäst über unsere Misthaufen stolpern?"

„Aber grad des gfallt ihnen doch, den Stadterern!" gab der Schmidtmeier Toni zu bedenken, „des findens urig!"

„Und über kurz oder lang stinkts eahna", fuhr der Röhrmoser in sei-

ner Rede fort. „Naa, mia miassn was doa. Bleamen, d' Balkone gschmückt, d' Vorgartl ned bloß voller Petersui und Suppenkraut."
„Mogst du vielleicht Tulpen und Narzissen in deiner Suppen?"
Mit einem strafenden Blick brachte Röhrmoser den aufmüpfigen Postler Hinterhuber zum Schweigen.
„Herr Professor", wandte er sich dann an einen weißhaarigen Goethekopf, der der Diskussion bis jetzt gelassen gelauscht hatte, „was ham denn Sie für Vorschläg'?"
Der mit „Professor" Angesprochene strich sich über seine schüttere Löwenmähne: „Tja, also. Es würde gewiss nichts schaden, wenn man ein bisschen mehr für die Schönheit des Dorfes tun würde. Blumenschmuck. Nun ja, dafür sorgen die Frauen des Ortes schon in löblicher Weise. Nirgends, ich muss betonen, nirgends habe ich noch so üppig blühende Balkone gesehen wie hier."

„Freile, unsere Weiber ham scho a scheens Hoiz vor da Hüttn", kicherte der Schuster Baumgartner hinter vorgehaltener Hand. Der eisige Blick des Bürgermeisters ließ ihn verstummen.
„Insofern", fuhr der Professor unbeirrt fort, der eigentlich gar kein Professor war, sondern nur ein pensionierter Mittelschullehrer, den die Sehnsucht nach der Ursprünglichkeit in dieses idyllische Dörfchen verschlagen hatte, „müsste nicht allzu viel mehr getan werden zur Verschönerung des Dorfes. Ich hätte allerdings einen Vorschlag. Da gibt es, oberhalb des Fußballplatzes, der auch bei Bedarf der allgemeine Festplatz ist, einen reizenden kleinen Bach, an dessen Ufern Vergissmeinnicht blühen und Trollblumen und Butterblumen. Wahrhaftig ein liebliches Gewässer, nur leider völlig nutzlos. Und gerade dieses Bächlein wäre hervorragend geeignet, zur Verschönerung des Dorfes beizutragen."
„Wia des?" ließ sich der Biberger Stofferl vernehmen, dem die Schneidmühle oberhalb des Dorfbaches gehörte und der auch den Bach als seinen Besitz ansah.
„Nun, man könnte einen kleinen Teich anlegen, mit Wasserpflanzen, Fröschen, Goldfischen, und man könnte ihn zu einer Kneippanlage erweitern. Glauben Sie mir, die Naturheilkunde ist wieder im Kommen! Wenn Sie etwas für Ihre Sommergäste tun wollen, bieten Sie ihnen Kneippanlagen!"

„A koids Wasser? Pfui Deife! I mog höchstens a koids Bier!" protestierte der Hinterhuber Kare, aber niemand hörte auf seinen Einwand. Der Vorschlag des „Professors" wurde nach kurzem Hin und Her einstimmig angenommen. Man war auf dem Wege, Kneippkurort zu werden.

Es war nicht mehr allzu viel Zeit bis zum fünfzehnten Mai. Die Frauen des Dorfes schmückten ihre Balkone noch üppiger als sonst mit Petunien, Begonien, Geranien und Tränenden Herzen. Die Wege wurden geharkt und gekiest und oberhalb des Sportplatzes, auf dem weißblaue Fahnen wehen sollten, und wo man ein Bierzelt und Standln und Schießbuden aufbauen wollte, wurde an dem vorgesehen Dorfteich gegraben, wurden Wasserpflanzen eingesetzt und Frösche zum baldigen Einsatz bereit gehalten.

Und dann trat man mit einer schwierigen Frage an den „Professor" heran. Röhrmoser drehte seinen Hut verlegen in den klobigen Pratzen. „Oiso morgen, morgen waar's dann so weit. Mia möchten über Nacht ‚s Wasser eilaffa lassen in de Gumpn, i moan in den Teich. Wia lang, bittschön, wia lang miassn mia denn den Dorfbach umleiten, bis der Teich voll is?"

Der Professor setzte eine äußerst wichtige Miene auf und holte seinen Elektronikrechner aus der Brusttasche, gab ihm Zahlen ein und die roten und grünen Ziffern wechselten schneller, als der Röhrmoser mit den Augen blinzeln konnte. „Zehneinhalb Stunden, ich würde sagen, exakt zehneinhalb Stunden" – der Goethekopf nickte gewichtig –, „dann ist der Dorfteich voll."

„Wenn mia um achte auf d' Nacht ofangan, dann werd's grad recht bis zur Eröffnung", sinnierte der Röhrmoser und verabschiedete sich mit einem ehrfürchtigen „Dankschön, Herr Professor".

Der Dorfbach sprudelte munter in dem ungewohnten Bett, füllte den neu angelegten Dorfteich, fand ihn zu klein für seinen Tatendrang, quoll über, suchte neue Wege und fand schließlich ein ausgedehntes Betätigungsfeld. Um halb fünf Uhr früh läutete die Glocke an der „Residenz" des „Professors" Sturm, so dass dieser, ob des ungewohnten Lärms, heftiges Herzklopfen bekam und erst einmal nach Baldriantropfen verlangte. Doch die Abordnung des Gemeinderats stand vor dem Baldrian an seinem Bett: „Herr Professor, der Bach is übergangen, der ganze Festplatz steht unter Wasser! Was solln ma jetzt machen?"

Der Professor wäre nicht der Professor gewesen, hätte er nicht zu raten gewusst, und seine im langjährigen Schuldienst erworbene Ruhe ließ ihn keine Minute im Stich. „Kneippen, meine Herren, kneippen! Gehen Sie mit gutem Beispiel voran!"
Um halb zehn, zur Eröffnung des neuen Kneippkurorts Haselbach, sah man die Honoratioren des Dorfes mit aufgekrempelten Hosenbeinen über den ehemaligen Sportplatz, der ein bisschen unter Wasser stand, stelzen, wie die Störche im Sumpfgebiet. Was man ja leider in natura kaum mehr zu sehen bekommt.

Der Wilde Westen ist überall!

Hilde hatte etwas übrig für Männer im Sattel! Aufgewachsen mit drei Brüdern. Und bei deren Cowboy- und Indianerspielen hatte sie alles mitgemacht, was diese Spiele und die Brüder von ihr forderten. Sie war die Squaw „White Blossom" gewesen oder auch „Calamity Jane, hatte am Marterpfahl gestanden oder am Lagerfeuer die Hühnersuppe gekocht, die aus Wasser, Salz und Nudeln und nur einem gedachten Huhn bestand.
Später hatten sie die Westernfilme fasziniert und sie war mit über die endlose Prärie geritten, hatte die Wagenburgen verteidigt und hatte auch viel vom Pioniergeist der Treckerfrauen, die ihren Männern zum Clondike und in die anderen Goldgräberstädte gefolgt waren. Kurz gesagt, Hilde war ein Mädchen zum Pferdestehlen!
Das einzige Handicap bestand darin, dass es in einer Großstadt wie München nur sehr selten Pferde zu stehlen gab und dass auch die Männer mit den Silbersporen, den breitrandigen Hüten, den um die Hüften baumelnden Colts und den wiegenden Schritten nicht oft anzutreffen waren.
Aber Hilde hatte sich den Realitäten des Lebens durchaus gestellt, hatte geheiratet.
Keinen James-Cooper- oder Audy-Murphy-Typ, sondern einen schlichten, schmalbrüstigen Buchhalter mit relativ sicherem Einkommen nebst recht anhänglicher Mutter. Hilde hatte eine Tochter geboren, die sie nicht „Schwarze Rose" nannte, sondern Carola, Kosename: Mausi.

Später hatte sie ihren Buchhalter-Ehemann seiner Mutter wieder gänzlich überlassen und nur für sich und Mausi gelebt. Kein unzufriedenes Leben, denn nun konnte sie ihrem steten Drang nach Freiheit und weitem Land nachgeben, in die Mountains, also in die bayrischen Berge fahren, so oft ihr danach war, und dort stundenlang herum laufen, klettern, wandern. Nichts war ihr so verhasst, wie eine enge Stube, das Gefühl, irgendwo eingezäunt und festgepflockt zu sein.
Die Liebe zum Wilden Westen hatte sie nie verlassen und sie trug vorzugsweise Jeans und Mokassins, karierte Hemden, oder Blusen mit Fransen an den Ärmeln, Gürtel mit breiten Silberschnallen und Stirnbänder mit indianischer Perlenstickerei.
Im Amt, im Beruf, wäre das vielleicht ein wenig störend gewesen, aber nach Büroschluss gehörte sie sich selber, lief oft zu Fuß nach Hause, quer durch Anlagen und den Englischen Garten, einfach nur aus dem Bewusstsein heraus, ein Gefühl von Weite spüren zu müssen. Dreimal war sie schon in Amerika gewesen, zusammen mit Mausi, ihrer Tochter. Durch die Staaten waren sie gegondelt mit einem gemieteten Wohnmobil. Zwei Frauen alleine, gewarnt vor möglichen Überfällen, mit den Hinweisen versehen, nicht in einsamen Gegenden zu campen. Aber diese Warnungen waren in allen vier Ohren nur vorüber gesäuselt, denn auch die Tochter war für den Slogan „Go West!"

Countryfeste und -märkte waren für die beiden wie Magneten. Da mussten sie hin! Und auf einem dieser Märkte passierte es dann:
Hilde, eine Frau in den „besten Jahren" und nach ihrem eigenen Empfinden eher eine einsame Wölfin, denn ein Hausmütterchen, las an einem Stand mit Indianerschmuck auf einer Papptafel folgendes.
„Suche Reisebegleiterin zwischen 40 und 50 Jahren für etwas ungewöhnlichen Urlaub in Amerika. Sie sollte unkompliziert und Nichtraucherin sein.
Bei gegenseitiger Sympathie gern auch weitere Freizeitgestaltung."
Hilde sah sich den Typen an, der da hinter dem mit Indianerschmuck bestückten Tapetentisch stand. Kein unsympathisches Gesicht, braungebrannt unter dem Cowboyhut, ein dunkler, leicht grauer Kinn- und Schnurrbart, dunkle Augen, Lachfältchen drumherum.
Eine Telefonnummer stand auf dem Schild und Hilde kramte in ihrer Gürteltasche nach einem Zettel, einem Bleistift. Ersteren fand sich,

letzterer nicht. So notiere sie mit Lippenstift die Telefonnummer, gab sich selber Zeit zum Überlegen und war doch schon entschlossen. Es standen ja auch nicht viele Leute um seinen Stand!
Abends rief sie ihn dann an. Auch seine Stimme war sehr angenehm, dunkel, wie schwer fließender Wein. Ein wenig musste sie sich räuspern, ehe sie zu sprechen anfing, ihm sich und ihr Leben schilderte.
Er lud sie ein, wohnte gar nicht einmal so weit weg, ein paar Stationen mit der Straßenbahn. Sie vereinbarten ein Treffen. Ihre Reiseberichte aus Amerika wollte sie mitbringen.
Mausi, ihre Tochter hatte Bedenken: „Aber Mama, du kannst doch nicht so einfach. Zu einem wildfremden Menschen!"
Hilde konnte. Mausi sollte eine halbe Stunde später nachkommen, zur Sicherheit. Das wäre nicht nötig gewesen, denn so sicher wie sich Hilde schon war, als er die Tür öffnete, einen Schritt zurück trat, um sie einzulassen, so bestimmt, so zustimmend hatte ihr Herz noch nie entschieden. Hugh, ich habe gesprochen. –
Es entwickelte sich ein angeregtes Gespräch, in das das Läuten der „Sicherheitswache" der nachfolgenden Tochter direkt störend fiel.
Als die beiden, Mutter und Tochter, am späten Abend Arm in Arm nach Hause gingen, waren sie sich einig. „Der ist okay!"
Er, der weder James noch John noch Jimmy hieß, sondern Klaus, flog zunächst allein in seinem nächsten Urlaub in den Jemen. Als er zurückkam, im November, rief er Hilde an: „Es is so greislich bei uns. Magst, fliegen wir zusammen in die Sonne, nach Sri Lanka?"
Sie wollte. Gegen die Einwände der Tochter, die wiederum bremsend meinte: „Aber Mama, du kennst den doch no gar ned richtig!"
Doch gerade in diesem Urlaub lernten sie sich kennen und stellten so viele Gemeinsamkeiten fest, nicht nur den Traum vom Wilden Westen! Es war, als hätten beide im Clondike gesiebt und gesiebt. Sand und Gestein war da gewesen, im Getriebe des Lebens, und plötzlich – ein Goldstück!
Jetzt stehen sie nebeneinander in ihrem Stand mit Navajo-Schmuck. Er mit einem schwarzen, sie mit einem weißen Cowboyhut auf dem Kopf. Aber das Leuchten in ihren Augen, wenn sie sich kurz mustern, das blitzende Lächeln, wenn sie sich zunicken, ist heller als das Strahlen der Halogenleuchten, die den auf weißem Samt gelagerten Schmuck schimmern lassen, denn der Wilde Westen ist überall, für

den, dessen Paradies er ist und sei es auf einem Volks- und Countryfest mitten in Bayern.

Fazzoletti...

Verdammter Mist! Jetzt ist doch wieder einmal eines in einer Brusttasche von Hemd oder Schlafanzug vergessen und mitgewaschen worden!

Vorher hätte es sich verkrümeln sollen, nicht erst während des Waschvorgangs! Wenn es dabei brav in der Tasche hockengeblieben ist, habe ich noch Glück gehabt, dann lassen sich die Flocken mit etwas Geduld und einer harten Bürste entfernen. Aber bisweilen ist so ein Ding dermaßen abenteuerlustig und neugierig, dass es sich auf alle Wäschestücke verteilen muss. Hier ein Bröselchen, dort ein Würstchen, was sich besonders auf dunklen Teilen hervorragend ausnimmt!

Ach, wie war das früher einfach, als sich diese Dinger noch nicht „Tempo" nannten, nach einem Markennamen, der sich für jedes dieser – zugegebenermaßen ansonsten recht praktischen Papiertüchlein – eingebürgert hat. Damals, als die Taschentücher noch aus Stoff waren und jederzeit mitgewaschen werden konnten, ja, gewaschen werden mussten, ohne größeres Ärgernis zu verursachen, höchstens es färbte eines ab, weil es die Temperatur nicht vertrug.

Dabei ist es noch gar nicht so lange her, da galten Taschentücher als ganz annehmbares, ja persönliches, Geschenk! Meistens traten sie im Dreier-Pack auf, mitunter waren sie auch zu sechst verpackt, oder besonders hübsche Exemplare, die dann aber nicht unbedingt für einen ausgewachsenen Katarrh geeignet waren, kamen einzeln in einem mehr oder weniger geschmackvollen Geschenkkartönchen daher, gelegentlich in Begleitung eines Duftwässerchens. Oder sie waren in die Form einer Rose gefältelt, ab und an mit einem Monogramm versehen.

Schenken Sie heute mal jemandem ein Päckchen Papiertaschentücher! Befremden und ein schiefer Blick wäre Ihr Lohn und der Beschenkte wäre verschnupft. Allerdings würde ihm dann, in diesem Zustand, Ihr Geschenk vielleicht doch willkommen sein.

Die Stofftaschentücher früherer Zeiten gab es zuerst einmal in zwei

Grundausstattungen: im Format von mindestens 30 x 30 cm, blau, grau oder auch weiß, mit farblich passendem karierten Rand für den Herrn. Die kleineren Tüchlein, meist nicht größer als 20 x 20 cm, in zarten Farbtönen, mit oder ohne (Blümchen-)Muster, aus Baumwolle oder auch aus Batist, für die Dame. (Als ob das weibliche Geschlecht nicht auch hin und wieder von einem massiven Schnupfen befallen wurde, vor dem diese zierlichen Gebilde wegen begrenzter Aufnahmefähigkeit kapitulieren mussten!)
Wenn man Taschentücher verschenkte, handelte es sich bisweilen um ganz besondere Exemplare, nämlich um solche, die von Spitze – natürlich selbstgehäkelt! – eingefasst waren. Im Handarbeitsunterricht der Mädchenschulen war das Taschentüchlein umhäkeln noch eine geübte Kunst – wenn man die nötige Geduld und das Geschick dafür aufbrachte.

Dabei ist das Taschentuch selber noch gar nicht sooo lange bekannt. Es kam wohl in der „galanten Zeit", im Rokoko, auf, und da auch erst nur bei den „foineren Herrschaften".

Der Bauer auf dem Felde, der schnäuzte sich in die Hand, was zu den erlernbaren Fertigkeiten zählte und bei Laien bisweilen etwas daneben gehen konnte... Oder man nahm den Rock- bzw. Unterrockzipfel, (und „stärkte" ihn damit unbewusst und ungewollt). Von den Langen Kerls Friedrichs des Großen hieß es, sie hätten deshalb viele Knöpfe an den Manschetten, damit sie sich nicht mit dem Ärmel unter die Nasen fahren konnten... Damals hießen die ersten für den bewussten Zweck eingesetzten Stofffetzen in den „unteren" Kreisen auch einfach „Schneizhadern" respektive Schnupftuch. Wobei ein Schnupfertuch wieder etwas anderes ist, viiiel größer, farbenfroh, blau, rot, grün, mit auffallendem Muster. Die sind ja immer noch nicht „aus der Mode", und die wird es geben, so lange es „an Schmai" gibt! „Tempo" wäre dabei ein totaler Stilbruch!
Das Kavalierstüchlein, das aus der kleinen Brusttasche des Sakkos hervor spitze, spitzte im wahren Wortsinn, denn es war spitzenbesetzt, kennzeichnete den eleganten Herrn. Auch waren die zierlichen Damentaschentücher bestens als Flirtmittel bekannt und einsetzbar. „Gnädigste haben ihr Tüchlein verloren!" Bückt sich heute jemand

nach einem weggeworfenen Papiertaschentuch? Kann man damit Staat machen, ist es vorzeigbar?

Freilich, „Lochstickerei" hat es manchmal schon, wenn es benutzt und zusammengeknüllt in der Hosentasche verwahrt war, plötzlich und unerwartet gebraucht wird und sich als nunmehr unbrauchbarer – na ja eben „Schneizhadern" – entpuppt. Ja, und das Winken beim Abschied nehmen? Wie wirkte das mit einem Papiertaschentuch? Vielleicht versiegten dann gleich die Tränen, denn das sähe doch wohl ein wenig lächerlich aus, und damit hätte es dann wieder einen positiven Effekt erzielt.

Freilich, man hat sich bemüht, die prosaischen „Schnellschneuzlinge" ein wenig freundlicher zu machen, es gibt sie mit Blumenmuster, geprägtem Rand, kleinen Vignetten in einer Ecke, auch in dezenten Farbtönen, aber an die Fazzoletti, wie die Taschentücher so wohlklingend auf Italienisch heißen, kommen sie einfach nicht heran, Papier bleib Papier, mag es auch noch so aufgepeppt und mit diversen Düften versehen sein. Wenn es gebraucht wurde, (wollen wir hoffen, dass wir immer eines parat haben, wenn wir es brauchen!) ist es unansehnlich und sollte weggeworfen werden. Sollte!

Doch bisweilen bleibt eben eines in irgendeiner Hemdtasche und wird mitgewaschen. Siehe oben. Dann sind sie auch noch besonders schwer zu bügeln!

Flimmerstunden...

„Wann waren Sie das letzte Mal im Kino?"

Wenn ich meinen Bekannten diese Frage stelle, bekomme ich meistens zur Antwort: „Schon seit ewigen Zeiten nicht mehr!"

Freilich, heute hat ja jeder sein „Pantoffelkino" zu Hause, kann es sich in bequemer Kleidung gemütlich machen, im Ohrensessel herum lümmeln, sich auf die Couch legen – und dort, wenn das Interesse nur mäßig geweckt wird, auch eine Runde schlafen – um anschließend, im Bett, vergeblich nach dem erholsamen Schlaf vor Mitternacht zu fahnden.

Ich für meine Person gehe relativ oft ins Kino. Es interessiert mich einfach, was an neuen Filmen anläuft. Etliche davon kommen zwar in ein, zwei Jahren auch im Fernsehprogramm, aber dann kenne ich sie schon und habe die Wahl, ob ich sie mir noch einmal ansehen will oder ob ich meine Zeit anderweitig verwende. „Zappen" gibt es im Kino natürlich nicht, da muss man den Film von Anfang bis Ende durchsitzen und nur selten ist jemand so unwillig, dass er vor der Zeit aufsteht und geht. Gerade das Sitzenbleiben ist manchem Film recht zuträglich, der zu den Spätentwicklern zählt und den man eventuell vor dem Bildschirm zu Hause nicht bis zum Ende verfolgt hätte.

Früher, zu meiner Kinder- und Jugendzeit, war der Sonntagnachmittag, 14.00 Uhr!, für einen Kinobesuch aktuell – vorausgesetzt, der Papa hatte die Spendierhosen an und stiftete für das Vergnügen ein Fuchzgerl. Mehr kostete die „Kindervorstellung" damals noch nicht. Um Kinderfilme handelte es sich allerdings relativ selten. Wir sahen „Grün ist die Heide" oder das „Schwarzwaldmädel", einen Western mit John Wayne oder auch „Die Jungfrau von Orleans" mit Ingrid Bergmann. Derweil unsere Eltern den „kinderfreien Nachmittag" auf ihre Weise genossen...

Heute gehe ich wieder in die Nachmittagsvorstellung, am Kinotag, dienstags zwischen 14.30 und 15.30, je nachdem. Auch das sind keine Kindervorstellungen, sondern eher Rentnernachmittage, damit die älteren Herrschaften vor dem Dunkelwerden wieder zu Hause sind. – Ich fühle mich dann nicht fehl am Platz, denn schließlich gehöre ich inzwischen auch in diese Kategorie. Freilich kommt es hin und wieder vor, dass sich Teenager unter das Publikum mischen. Junge Menschen, die vielleicht zu Hause niemand erwartet und die „keinen Bock" darauf haben, sich um ihre Hausaufgaben zu kümmern, die sich ihre Auszeit zwischen Schule und Elternstress, wenn diese genervt nach Hause kommen und den Nachwuchs nun ihrerseits wiederum nerven, nehmen.

Interessant ist so ein nachmittäglicher Kinobesuch auf jeden Fall, ganz unabhängig vom Thema des Films.

Wenn junge Menschen da sind, vorzugsweise handelt es sich um Mädchen – für die vorgespielte und vorgespiegelte Realität scheint das weibliche Geschlecht immer noch die größere Vorliebe zu haben – dann kommen sie in Formationen von mindestens drei Stück. Zur Unterhaltung – neben dem Film – sind sie bestens eingedeckt mit fünf

Liter Eimern Popcorn, Coladosen oder Bechern, Gummibärchentüten oder anderem „Proviant".

Besonders das Popcorn weckt in mir große Freude an dieser Nachbarschaft. Da wird nämlich beinahe den ganzen Film hindurch geknabbert und geknistert, vom Kichern und Herumreichen des Eimers einmal abgesehen, dass ich mir manchmal denke, ich hätte auch meinen Goldhamster mit ins Kino nehmen können. Der erzeugt ziemlich ähnliche Nebengeräusche.

Das Nachmittagskino ist nur selten voll besetzt. Man kann also seine Jacken gänzlich ungeniert über die Lehnen der vorderen Sitze hängen. Was die meisten erwachsenen Besucher genau so machen. Aber die Jungen lagern auch ihre Beine recht gerne auf die Rückenlehnen vor sich – und haben so ihre klobigen Turnschuhe im Blickfeld, was sie allerdings nicht zu stören scheint. Hauptsache so richtig gemütlich hingelümmelt, wie man es zu Hause vor dem Fernseher – und vor allem im Beisein von Mama und Papa, wenn man nicht schon einen eigenen Apparat hat – gar nicht kann.

Ich will nicht über die jungen Leute schimpfen. Gelegentlich sind ihre Zwischenkommentare sogar witzig, nur die persönlichen Geschichten, die sie sich ab und zu während der flimmernden Handlung erzählen, interessieren das Rundumpublikum zumeist nicht so direkt.

Es gibt aber auch ältere Leute, für die der Kinonachmittag die beste Gelegenheit ist, wieder einmal mit jemandem zu reden. Da wird die Handlung beschrieben, als wäre der Nebenmann blind und taub, könne sie nicht selber verfolgen. Wie die Teenager kommen ältere Damen in Gruppen, vier, fünf auf einen Schlag, die unterhalten sich vor dem Programmbeginn recht lebhaft miteinander und durcheinander, was eigentlich nur bis zum Beginn des Hauptfilms ein wenig stört. Werbung hat man via Fernsehen zu Hause genug. Auch die Vorschau auf den demnächst anlaufenden Film interessiert nur am Rande. Wichtiger sind die diversen Krankengeschichten, obwohl man ja anschließend noch zusammen ins Cafe geht.

Neulich nahm ein älteres Paar in der gleichen Reihe wie ich Platz. Sie saßen nur ein paar Sitze näher zum Eingang, so dass ich die ganze Zeremonie ihres Kinobesuchs verfolgen konnte. Er: „Sitzt du gut, meine Liebe? Hast du's bequem?" Sie hatte es offensichtlich, denn sie sank

mit einem behaglichen Seufzer in die Polster. Nachdem ihr Gewicht wohl etwas über das „normale" hinausging, bebte die Bankreihe ein wenig, teilte sich diese Erschütterung auch allen anderen Sitzen mit. Er pflanzte sich mit einem leisen Stöhnen neben sie. Noch einmal, wie die Wellen eines Sees, in dessen Spiegel man einen Stein geworfen hatte, vibrierten die übrigen Sitze.
Das Vorprogramm begann. Natürlich Reklame. Sie fing an in einer umfangreichen Tasche zu kramen. Papier raschelte, der Duft nach warmem Leberkäs mit Senf wehte mich an. Man hatte also eine Brotzeit dabei. Ein Kinobesuch ist offenbar für viele auch mit Knabbereien verbunden. Hier waren es keine Gummibärchen aus raschelnden Tüten und kein knisterndes Popcorn, sondern eben Leberkässemmeln. Was kann man dagegen machen?
Die beiden waren sich selber genug, sie unterhielten sich, in ziemlicher Lautstärke, vermutlich waren beide des Hörens nicht mehr so ganz mächtig, über den bereits gehabten Nachmittag. Die Dialoge des demnächst anlaufenden Films, der in Bruchstückchen, Appetithäppchen, vorgeführt wurde, gingen unter in ihren eigenen Dialogen. Sie lutschte an einem Pfirsich, ihrer Nachspeise. Man hörte direkt, wie saftig der war.
Dazwischen immer wieder seine dröhnende Besorgnis: „Schmeckt es dir, meine Liebe? Möchtest du noch etwas?" Am Pfirsichgeschmatze hatte er sich nicht beteiligt, trotzdem orderte er ein Tüchlein zum Händeabwischen, nach dem sie umständlich in ihrer großen Tasche, die sich zu ihren Füßen befand, kramte, suchte und wühlte. Ich erwartete, dass er noch nach einem Kopfkissen verlangen würde, um sein Haupt bequem zu lagern, denn nun fing der Hauptfilm an. Mit Ruhe hatte ich kaum gerechnet, eher ausführliche Erklärungen der Handlung von seiner Seite und mit seiner dröhnenden Stimme erwartet. Doch es blieb ruhig. Eine Zeit lang. Dann kam leises Schnorcheln, pfeifende Geräusche, wisperndes Lippenblasen von den Sitzen weiter vorne in meiner Reihe. Die beiden waren eingeschlafen. Die Köpfe zueinander geneigt mümmelten sie selig vor sich hin, korrespondierten in zum Glück gedämpften Schlafgeräuschen. Nur hin und wieder ruckte der eine oder die andere kurz auf, verfolgte das Geschehen auf der Leinwand, das so, aus dem Zusammenhang gerissen, reichlich unverständlich sein musste, und versank dann wieder in offenbar erholsamen Nachmittagsschlaf.

Früher ging man bisweilen ins Kino, um mit dem Liebsten im Schutze der Dunkelheit eineinhalb Stunden Händchen zu halten, gelegentlich verstohlene Küsschen zu tauschen, sich aneinander zu schmiegen und die ansonsten so oft gestörte und sogar unerhörte Zweisamkeit im Flimmerlicht der Filmhandlung zu genießen. Ein Logenplatz, bei dem man die Vorhänge zuziehen konnte, war oft der unerfüllbare Wunsch eines Pärchens. Waren diese beiden Alterchen auch so ein – verspätetes – Liebespaar, das keine andere Heimstatt hatte, als die Dunkelheit des Kinos? War das ihre Art miteinander zu schlafen?
Nachdem es für die andere, die im landläufigen Sinn damit gemeinte, etwa zu spät geworden war?
Wer will dem Kino „das Leben" absprechen? Es flimmert dort immer noch so recht und wahrhaftig vor sich hin, teils auf, teils vor der Leinwand. Wann waren Sie das letzte Mal in seiner unmittelbaren Nähe?

Fundsache

Im Bus liegt eine Telefonkarte auf dem Boden. Wenn es eine Telefonkarte ist und nicht nur die Reklame für eine Telefonkarte. Jedenfalls sieht das, was da liegt, aus wie eine Telefonkarte.
Draußen regnet es und es sind schon mehrere Leute mit schmutzigen, nassen Schuhen über die Telefonkarte gestiegen, auch darauf getreten. Hat sie denn keiner da liegen sehen? Es kann doch nicht sein, dass ich sie alleine gesehen habe!
Eigentlich möchte ich sie ja aufheben. Eine Telefonkarte, wenn es eine Telefonkarte ist, stellt doch einen gewissen Wert dar. Vorausgesetzt, sie ist nicht schon abtelefoniert. Aber sogar dann hat sie für manche Leute noch einen Wert, nämlich für die Telefonkarten- Sammler. Also, wenn es eine Telefonkarte ist, müsste man sie aufheben.
Irgendwie geniere ich mich, mich danach zu bücken. Die Telefonkarte ist schmutzig. Außerdem, was würden sich die Mitfahrer denken, wenn ich jetzt so plötzlich und scheinbar unmotiviert von meinem Platz aufstehe und mich im Mittelgang nach der Karte bücke? Aber irgendjemand könnte sie wirklich aufheben. Ich sehe sie doch nicht alleine da auf dem Boden liegen. Mein Nachbar im Mittelgang, der hat genau das gleiche Blickfeld wie ich, der sieht doch auch nicht die

ganze Zeit zum Fenster hinaus. Zudem sind die Scheiben angelaufen, man kann gar nichts sehen. Aber die Telefonkarte, wenn es eine ist, da, auf dem Boden, die kann man sehen!
An der nächsten Haltestelle steigen ein Mann und eine Frau ein. Vielleicht hebt einer von ihnen die Telefonkarte auf? Die Frau setzt sich auf den Behindertenplatz hinter dem Fahrer. Die kann sich eventuell nicht bücken. Oder sie hat die Karte nicht gesehen.
Aber der Mann? Der geht weiter nach hinten, der tritt beinahe auf die Karte drauf, aber er sieht sie nicht, oder erkennt nicht, dass da eine Telefonkarte liegt, – oder die Reklame einer Telefonkarte.
Ich kann nicht anders, immer wieder geht mein Blick auf den Fußboden, wo die Karte liegt, um im nächsten Augenblick völlig uninteressiert durch die beschlagenen Fensterscheiben zu sehen. Draußen gibt es nichts zu sehen, auch wenn ich das Glas abwische, es läuft gleich wieder an. Und wenn ich dann, nach Bruchteilen von Sekunden wieder nach der Telefonkarte sehe, liegt sie immer noch da. Also jetzt, jetzt bücke ich mich danach. Ganz egal, ob ich mich damit blamiere. Es kennt mich ja keiner und mehr als ein „Fehlgriff" kann's nicht sein. Es ist, wenn nicht wirklich eine Telefonkarte, die Reklame einer Telefonkarte, also völlig wertlos. Aber bückt man sich nach etwas Wertlosem? Damit macht man sich doch lächerlich!
Ich warte besser noch ein bisschen. Später, beim Aussteigen, an der Endstation, da könnte ich mich ganz unbemerkt und beinahe wie zufällig danach bücken und dann weiß ich sicher, ob es eine Telefonkarte ist oder nicht.
Da bückt sich der Nachbar vom Mittelgang. Bückt sich, ohne aufzustehen. Na ja, vielleicht hat er längere Arme oder sein Sitz ist ein bisschen weiter vorne als meiner. Jedenfalls hebt er die Telefonkarte auf. Verfolgt von meinen Blicken. Nicht nur von meinen, wie ich annehme. Und irgendwie bin ich ihm böse. E r hat jetzt die Telefonkarte! Mit welcher Berechtigung? Wäre sie mir nicht genau so gut zugestanden? Dass es eine Telefonkarte ist, sehe ich nun deutlich. Ein Plastikkärtchen, nicht nur Papier, mit dem Chip für die Gesprächseinheiten. Er putzt es an seiner Hose ab. Hoffentlich wird die schmutzig davon! Und ich wünsche ihm, dass die Karte schon abtelefoniert ist! Wie kommt er dazu, m e i n e Telefonkarte abzuheben!

Tiefgründige Betrachtung

Ein Vogel hat zwei Beine.
Da ist doch völlig klÄr.
Denn wenn er viere hätte,
wär er kein Vogel mehr.

Er hat auch keine Arme.
Die hätten keinen Zweck.
Denn wenn er welche hätte,
sie wären ihm im Weg.

Was mich an einem Engel
nun völlig irritiert:
Wird dieses Flügelwesen
als Vogel registriert?

Ein Engel hat bekanntlich,
so stellt man ihn halt dar.
zwei Beine und zwei Flügel
und auch ein Armepaar.

Was fängt ein Engel-Vogel,
so frag ich, damit an?
Braucht er die Menschen-Arme,
dass's Hemd er halten kann?

Das flattert wohl beim Fliegen,
und lässt das unbedeckt,
was züchtiglich ein Vogel
im Federkleid versteckt.

Sie sind halt Fabelwesen.
Kein Mensch und auch kein Tier.
Der Phantasie entsprungen,
jenseitig, nicht von hier.

Wie sie tatsächlich aussehn,
ob es sie wirklich gibt,
hat niemand noch bewiesen.
Trotzdem, sie sind beliebt!

Wie oft man doch im Leben
zu wem zu sagen pflegt:
„Du bist für mich ein Engel!"
der keine Flügel trägt.

Jemanden zu umarmen,
zum Trost, voll Zärtlichkeit
ist letztlich doch weit besser,
als Flügelschlag. So weit –

Man möcht's nicht glauben!

An einem Baum in der Allee,
da war seit ein paar Tagen,
wie ich es im Vorbeigehn seh,
ein Zettel angeschlagen.

In krakeliger Schrift stand da,
auf diesem grauen Bogen,
ein *blauer* Wellensittich war
hier irgendwo entflogen.

Beim Weitergehen denk ich mir,
so ganz allein im Stillen,
wie kann man so ein armes Tier
mit Alkohol abfüllen!

Denn wenn ein Mensch besoffen ist,
dann ist es doch der Brauch,
man schimpft ihn blau! Und ganz gewiss
gilt dies für Vögel auch.

Natürlich wusste ich Bescheid,
mich hat's nicht irritiert,
der Wellensittich Federkleid
ist vielfach variiert!

Wortlos

Ein Dichter saß auf einem Stein.
Was hinterrücks ihn quälte:
Ihm fiel kein neuer Reim mehr ein,
weil's ihm an Worten fehlte.
Doch seine Frau, die Dorothee,
hielt nichts von seinen Klagen:
„Komm, fahren wir zum Wört(her)see,
wo wir die Angler fragen!
Bestimmt sind einige dabei,
die nicht viel Worte brauchen.
Und notfalls können nebenbei
wir selbst dort danach tauchen!"
Er meinte drauf: „Da hab ich wohl
ein Wörtchen mitzureden!
Ich brauche Worte nicht, die hohl!
Kauf sie nicht ab bei jedem!
Auch leere Worte nehm ich nicht,
die auf der Zunge liegen.
Nur goldne Worte mit Gewicht,
die auf der Goldwaag wiegen!
Desgleichen lass ich keinesfalls,
das Wort im Mund mir drehen!
Da bleibt es stecken nur im Hals!
Mein Wort! Doch lass uns gehen,
wenn du es willst, zum Wörthersee!
und nicht viel Worte machen.
Ein Mann, ein Wort. Komm Dorothee,
dich will ich wortlos machen!"

Auf's Gwand derf ma ned schaung

De Tatsach, de is wohl bekannt,
auf d' Welt kimmt jeder ohne Gwand.
doch glei drauf führt ma des scho ei,
da duad des Gwand recht wichtig sei.
Denn Kleider, hoaßt's, machan erst d' Leit,
und was ma darstellt und bedeit,
des werd na gmessen oft am Gwand!
Ois ob des wirkle aussagn kannt,
was fia a Mensch da drinna steckt!
Hat oana, dem sei Gwand vadreckt,
jetzt aa an dreckatn Charakter?
(Und ändert se des na ois Nackter?)
Schaugt oana richtig gschniegelt drei,
konn er a „saubers Früchterl" sei!
Freile, a weng was is scho dro,
ma ziahgt se, wia ma sei mecht, o.
Und oftmois treibt da größte Blender
den meisten Aufwand mit de Gwänder.
Dahoam laft er in seiner Stuum
na gschlampert wia a Strauchdiab rum,
weil's koana, wia er sagt, na siecht. –
Drum de Moral von dera Gschicht:
Schätz neamads nach seim Gwandzeig ei,
da konnst di täuschen und fallst rei!
Oft macht die äußere Fassad
vui her – doch drinnat is recht fad.
Und ghört a Haisl owaputzt,
hoaßt's ned, aa drinat is vaschmutzt!
A feine Schale lockt ganz gwieß.
Pass auf, dass ned da Wurm drin is!

Moderne Balladen?

Wer schreibt denn heute noch Balladen,
so totenbleich und tränenschwer,
von Teufels Hilf' und Gottes Gnaden!
Nein, so etwas schreibt keiner mehr!

Ja, früher zogen zu den Burgen
mit Leierspiel und mit Gesang,
mit Badern, Pfuschern und Chirurgen,
Zahnbrechern mit gewalt'ger Zang',
Landfahrende. Herumgekommen
in Dorf und Stadt. Und oft gejagt
von Bütteln in die Haft genommen,
die über's Leben dann geklagt
in Liedern. Eben in Balladen.
Denn Zeitungen, die gab's noch nicht.
Berichteten von Leid und Schaden,
von Feuersbrunst und Blutgericht.

Man hielt zwar selten sie in Ehren,
obwohl die Neugier sie gestillt.
Wir können längst sie schon entbehren,
denn uns erzählt das Fernsehbild
was andernorts sich zugetragen:
Verbrechen, Katastrophen, Mord,
was so passiert in unsern Tagen.
Funkwellen tragen alles fort,
gelangen in die letzten Nester.
Wem das nicht reicht, surft Internet.
Ja, das Balladenschreiben lässt der,
der es vielleicht noch gerne tät'...

Wir haben zwar „moderne" Zeiten,
doch besser sind sie deshalb nicht.
Wer will denn dann darüber streiten,
ob sie besungen, im Gedicht,
vielleicht doch intressanter wären
und nicht so flüchtig, wie sie sind?...

Der Mensch konnt' früher besser hören!
Heut' sieht er – bleibt im Herzen blind.

Eine feuchte Ballade

Sein Name der war Reginald.
Er wohnte nicht im Regenwald,
war kein exotisches Getier,
sondern ein Regenwurm von hier.

Ein Regenwurm wird nicht zuletzt
von allen Gärtner sehr geschätzt,
weil sie durch Wühlen und durch Graben
die Erde aufgelockert haben.

Die Pflanzen lieben lockre Erden,
damit sie blühen, wachsen, werden.
Und weil sie es auch gar nicht wollen,
zu quälen sich durch harte Schollen.

Für Reginald ist's keine Pflicht.
Dass man ihm dankt, das braucht er nicht.
Bescheiden gräbt er vor sich hin,
hat kaum was anderes im Sinn.

Nimmt mal der Regen überhand,
durchfeuchtet jedes Ackerland,
müssen mit Tanten, Neffen, Nichten
die Würmer aus der Erde flüchten.

Zumeist sieht man sie nämlich nicht,
bekommt sie dann erst zu Gesicht,
wenn ihr Zuhause überflutet.
Zuviel wird ihnen zugemutet.

Zu nass kann für sie tödlich sein.
Doch trifft sie erst der Sonnenschein,
trocknet ein Regenwurm ganz aus,
kommt er nicht schnell genug nach Haus.

Und das ist letzten Endes schade.
Das war die Regenwurm-Ballade.

Eine traurige Ballade

Letzte Woche, in der Küche eines alten Bauernhauses,
da geschah, wie ich berichte, eine üble Tat des Grauses:

Hatte sich der Hanselbauer hingelegt, um bald zu sterben,
und so waren auf der Lauer um ihn ringsherum die „Erben".

Hansel hatte sieben Söhne. Keiner davon tat was taugen.
Seine Tochter, eine schöne, machte jedem freche Augen.

Wem nur sollt er übergeben, seinen Hof, den umfangreichen?
Besser wär, er blieb am Leben, wurde noch nicht gleich zur Leichen.

Aber in der Küche hockten Michel, Martin, Sepp und Rainer.
Anton und Mathias bockten. Nach dem Vater, da sah keiner!

Albert wollt es schneller wissen, wetzt im Stall ein scharfes Messer.
Anni aber holt ein Kissen… Wer es gleich tat, tat es besser…

Hansel hat sein Bett verlassen. Fühlte sich schon wieder munter.
Stieg durchs Fenster, auf die Gassen, ging zum Wirt die Straße runter.

In die angewärmten Pfühle hatte Karo sich verkrochen.
Seine Hütte war so kühle. Flau und matt war ihm seit Wochen.

Fühlte sich hier so behaglich! Rollte schnarchend sich zusammen.
Ob das gut war, war recht fraglich. – Albert, Anni leise kamen.

Und sie drückt das Kissen heftig auf den Kopf, der ganz verborgen.
Albert schwang das Messer kräftig. Keiner machte sich wohl Sorgen.

Karo hat gleich zugebissen, er erwischte Annis Finger!
Alberts Messer stach durchs Kissen. Ach, der Schreck war kein geringer!

Rotes Blut drang durch die Zudeck. Annis Finger warn verloren.
Größer wurde schnell der Blutfleck. Jaulen drang in aller Ohren.

Auch die sechse in der Küche hörten dieses Klagejammern.
Und es fielen ein paar Flüche, stürmten eilig sie die Kammern.

„Habt den Vater ihr ermordet? Seid ihr beide denn von Sinnen?
Hat den Nachlass er geordnet? Was jetzt mit der Leich beginnen?"

Alle riefen durcheinander, fingen auch an sich zu prügeln.
Rissen Knöpf sich von de Gwander. Böser Zorn war kaum zu zügeln.

Selbst das Messer kam zum Zuge. Albert stach ohne Besinnen.
Michels Ohr übt sich im Fluge. War mit einem Schnitt von hinnen. –

Mörderisch war da die Stimmung. Bruderliebe? Fehlanzeige.
Anton hielt den Bauch in Krümmung. Martin drückte sich, ganz feige.

Hanslbauer unterdessen saß zufrieden, fast gesundet,
hat beim Wirt recht gut gegessen, auch das Bier hat ihm gemundet.

Als er heimging, wohlig müde, wollt er sich zu Bett begeben.
Ach, wie war der Anblick trübe! Kaum noch einer war am Leben!

„Hatte einmal sieben Söhne und nun blieb mir brauchbar keiner!
Und die Anni, meine Schöne? Fingerlos nimmt sie kaum einer. –"

Ist ein guter Hof zu erben, drückt man 's Auge zu, auch beide.
Und so kam, sich zu bewerben, Friedrich von der Gänseweide.

Steinig war sein kleiner Acker. Seine Hütte am Zerfallen.
Doch er war ein fescher Racker und gefiel den Mädchen allen.

Anni hätt ihn gleich genommen, war recht froh, dass er sie wollte.
Allerdings, in Haft gekommen, war sie, weil sie büßen sollte.

Fritz versprach, auf sie zu warten. Nahm den Hanselhof in Pacht.
Pflegte Vieh und Feld und Garten, hat die Sache gut gemacht.

Denn die Brüder, die verblieben, saßen ein zwecks Mordversuche.
Fröhlich konnte Friedrich lieben. Anni kriegt nur die Besuche.

Opa wurd' der alte Bauer, ohne dass 's die Tochter wusste.
Keiner fragt mehr nach genauer, und das Mädchen heißt Auguste.

Dies ist der Ballade Schluss.
Keiner sterbe, eh er muss!
Es wär gut, würd es gelingen,
's Erbe selber durchzubringen.
Denn wo nichts zu erben ist,
schweigen Hader, Streit und Zwist.

Lässliche Sünde

Mit seinen knapp siebzig Jahren war Pfarrer Haider im Ruhestand. Auch Priester gehen in Rente, obwohl sie eigentlich ihr Leben lang Diener Gottes bleiben. Nur macht halt das Alter mit seinen mehr oder weniger kleinen Wehwehchen und Abnutzungserscheinungen auch vor diesen Menschen nicht Halt, und so hatte Pfarrer Haider seine bisherige Gemeinde verlassen, die Seelsorge einem Jüngeren überlassen müssen, aber so ganz wollte er doch auch nicht auf ein bisschen Dienst an Gott verzichten.
Er hatte sich in eine kleine Kapelle am Waldrand versetzen lassen. Dort gab es keine täglichen und auch kaum sonntäglichen Messen. Vielleicht einmal eine Hochzeit, eine Taufe. Die Beichte nahm er noch ab, wenn es jemanden danach verlangte, aber sonst hatte er ein ziemlich geruhsames Leben, ging in der Umgebung spazieren, betete dabei sein Brevier und genoss seinen Ruhestand.
Eines allerdings hatte sich Johannes Haider leider angewöhnt. Nun ja, den Messwein war er ja gewohnt gewesen, wenngleich dieser immer mit viel Wasser durchsetzt war, aber pur schmeckte er halt noch ein wenig besser, so dass es mit dem richtigen Maß nicht immer ganz stimmte.
Ehrlich und kurz gesagt, der „ausgemusterte" Diener Gottes trank bisweilen etwas über den Durst. Ein Tag war oft sehr lang, an einer richtigen Ansprach' fehlte es ihm, wenngleich er im nahe Gymnasium Einkehrtage abhielt, aber die Jugend war kaum noch an so etwas interessiert und so grummelte er manchmal nur vor sich hin, ohne die Aufmerksamkeit der Abschlussklassen zu erreichen. Zumindest verhielten sie sich still, wisperten wohl so ab und zu miteinander, ohne den leicht schwerhörigen Pfarrer weiter zu stören. Er genoss diese Schulstunden als Abwechslung in seiner mehr oder weniger langweiligen Eintönigkeit, denn früher hatte er doch eine relativ große Gemeinde zu betreuen gehabt. So hin und wieder kam eines seiner früheren Schäfchen bei ihm vorbei, aber diese Besuche waren ihm, offen gestanden, bisweilen zu viel, so ganz interessieren ihn die angedeuteten, zugeflüsterten Sünden gar nicht mehr.
Dass er allerdings dem Wein, der nun nicht mehr ein Messwein war, mehr oder weniger zusprach und dabei bisweilen nicht mehr ganz

nüchtern blieb, nun ja, er war halt auch ein Mensch und, wenn er das nicht direkt zugeben wollte, manchmal schon recht einsam in seinem Waldkapellchen, in das sich nur selten jemand verirrte. So ein, zwei Hochzeiten im Jahr erlösten ihn nur wenig aus seiner Lethargie.

Die Schüler des Gymnasiums merken allerding bald, wie es um ihren „Reservepfarrer" stand, und wie die jungen Leute halt sind, die keine Vorstellung vom Alter haben – bis es sie selber einmal getroffen hat –, sie machten sich einen Scherz daraus, auf dem Weg vom Häuschen des Pfarrers, denn ein Pfarrhaus war es ja nicht mehr, er wohnte zur Miete, zur nächtlichen Stunde mit schwarzer und weißer Farbe einen Zebrastreifen zum Kapellchen auf die Straße zu malen.
Es sollte ein Hinweis für die Autofahrer sein, hier Vorsicht walten zu lassen, es sollte ein Scherz, ein Bubenstreich sein, und es war doch einmal eine Rettung für den alten Pfarrer, der sich nicht mehr ganz nüchtern und ein wenig schwankend auf den Heimweg gemacht hatte: Ein Auto hielt an und ließ ihn geduldig passieren.
Vielleicht wäre ohne diesen Zebrastreifen wirklich etwas passiert, wenngleich Pfarrer eventuell einen besonderen Schutzengel haben, aber der ist auch nicht immer im Dienst.
Ein Streich, ein Spott hatte diese Straßenmalerei sein sollen, doch der liebe Gott hatte es abgenickt und in seine Obhut für seinen Diener integriert.
Auch die Stadtwerke hatte es nach einigem Zögern akzeptiert und so kam Pfarrer Haider von seinem bisweilen ein wenig schwankenden Weg immer wohlbehalten nach Hause oder in sein Kirchlein und sein Schutzengel musste auch nicht mehr so streng auf ihn aufpassen.

Die Schöpfung

Im Anfang is as Chaos gwesn.
So konn ma's in da Bibl lesen.
Na speibt da Herr in d'Händ se nei,
sagt voll Entschlossenheit:
   „Es sei!"
Damit er bei seim Werk was siecht,
hoaßt's dann ois nächsts
„Es werde Licht!"
Da hat er's freile deutlich gsehng,
's is höchste Zeit, es muaß was gschehng!

Zerscht hat er d' Welt in Form neibracht,
hat Länder und hat Meere gmacht.
Hat Berg aufgricht, Täler neidruckt.
Hat Wiesn oglegt, See neispuckt.
Hat woin, dass dort a Urwald werd.
Hat schaufelweis an Sand zamkehrt,
hat so de Wüstn zuawegwaht,
damit er was zum Sandspuin hat.
Dann weckt er d' Stürm auf, Regen, Wind.
De Sonna hoaß da, dortn lind.
As Weeda hat er also gmacht
und teilt de Zeit nach Tag und Nacht.

Wia's weidageht, des wiss ma ja.
De Viecherl warn boid aa scho da.
Am siebten Tag, zu unserm Glück,
erschafft der Herr sein Meisterstück:
Er baazelt se an Menschen zam.
Mecht davo zwoa dann aa glei ham.
Entfernt aus seinem Erstlingsleib
a Rippen. Schnitzt eahm draus ein Weib.

Er hat fia d' Welterschaffungsplag
ned mehra braucht wia sieben Tag!
Hat s' aufbaut, hergricht und möbliert,
mit Liacht und Leben ausstaffiert.
Koa Wunder, dass er miad drauf wird,
drum is des Missgeschick passiert,
dass eahm der Mensch a weng „entgleist",
als unvollkommen sich erweist.
Deszweng muaß der seit jenen Tagen
sich mit diversen Fehlern plagen.

Vielleicht san de aa gottgewollt,
weil er koa Engel werden sollt?
Denn aa der Herr, stell i mir vor,
braucht was zum Lacha. Hat Humor.
Verschlagt's eahm den von Zeit zu Zeit,
kannt's sei, er is sei Werk boid leid.
Und dann is' Chaos wieder dro.
An Anfang davo ham ma scho....

Die göttliche Eingabe

In der stillen Klosterklause
saß ein Mönch bei seiner Jause.
Dabei litt er keine Not:
Klosterbutter, Klosterbrot
und dazu das Klosterbier.
Zwei, drei Becher und auch vier.
Aber was ihm unlieb war:
Dieses Mahl ist Fleisches bar!
Nicht ein Flinserl saft'ger Schinken!
Ja, das tat im mächtig stinken.
Schweinebraten, Rehragout,
Fehlanzeige! Immerzu
nur Gemüse! Ja, da kann
man verzweifeln! Denn ein Mann
ist ein Mönch doch gradeso
wie ein andrer, irgendwo,
den es nach 'nem Steak gelüstet!
Drüber war er schon entrüstet.
So verlangt es ihm nach diesen,
das im Fleisch ist nachgewiesen
was als Eisen man benannt.
Schließlich war er nicht entmannt!
Die Lektüre in der Bibel
riet ihm dann, wie diesem Übel
wäre frömmlich zu entkommen. –
Einen Fisch hat er genommen,
dem er gerne zugesprochen,
doch nicht dreimal in der Wochen –
ob gebraten, ob gesotten,
mit Zucchini und Karotten,
oder auch in der Panade,
Fleisch war's niemals! Das war schade!

Und so sprach er eingedenk,
(sah sie an auch als Geschenk,
Jesu Worte), die da hießen:
„Wein statt Wasser zu genießen
ist zur Hochzeit angenehm.
Und so soll es auch geschehn!"
Wein statt Wasser. Fleisch statt Fisch!
Seinen Segen über'n Tisch
sprach der Mönch. Und sieh mal an,
was der Segensspruch getan:
Und es ging beileib' nicht schneller:
ziert ein Steak jetzt seinen Teller!
(Illusion war's freilich nur
und von Wunder keine Spur,
doch der Glaube, wie bekannt,
versetzt Berge!) Angespannt
freute er sich am Genuss.
's schmeckt, was man nicht essen muss!
(Stets genug von allem haben,
zählt auch zu den Gottes Gaben!
Wenngleich manchmal es passiert,
dass man unzufrieden wird…)

Paarweise

Beschlossen war's in Gottes Rat,
dass man von manchem, was man hat,
ein ganzes Paar besitzen darf:
Zwei Augen sehen doppelt scharf.
Wobei ‚s dann ab und zu passiert,
dass man ein Auge mal riskiert,
oder ein Aug auf etwas warf,
des man im Grunde nicht bedarf …

Zwei Ohren sind uns zugesellt,
damit die Töne dieser Welt
von beiden Seiten uns erreichen.
Daher lässt man sich wohl erweichen,
bisweilen wem ein Ohr zu leihen.
Manchmal kann man sich's nicht verzeihen,
weil der, dem man das Ohr geneigt,
als Ohrenbläser sich dann zeigt.

Das Lippenpaar, das man besitzt,
taugt, süß und niedlich angespitzt,
um kleine Küsschen zu verteilen.
Auch heiße Küsse sind's bisweilen.
Lippenbekenntnissen hingegen
gelingt es oft, uns aufzuregen.
Nicht über seine Lippen kriegen
soll man, was besser bleibt verschwiegen.

Zwei Hände sind uns auch zu Eigen.
Dabei wird es sich oftmals zeigen:
Die andere wäscht oft die eine.
Ein wenig seltsam, wie ich meine,
war's auch, um eine Hand zu bitten.
Denn damit meint man, unbestritten,
jemand komplett, mit Haut und Haar!
Ergibt somit wieder ein Paar.

Auf beiden Beinen fest zu stehen,
damit auch durch das Leben gehen,
gelingt so lange, bis man spät
mit einem Bein im Grabe steht.
Zuvor lässt man die Vorsicht walten,
sich an die Regel auch zu halten:
Steigt niemals mit dem linken Bein
aus deinem Bett! 's könnt schädlich sein!

Doch einen Fehler hat gemacht
der Herr, dass er nicht zugedacht
uns das als Paar! 's ist Einzelstück:
Das Herz! Es wär oft ein Glück
davon ein zweites noch zu haben.
Zählt es nicht stets zu diesen Gaben,
die liebend gern wir verschenken?
Ohne dabei dann zu bedenken,
dass es zerbricht. In Scherben ging –
Es ist schon ein empfindlich Ding.
Verloren geht es ab und an.
Wofür man oftmals gar nichts kann!
Hätt man ein zweites in der Brust,
wär' nicht so groß doch der Verlust!
Drum bitte ich dich, zu bedenken,
willst du das deine mal verschenken,
dann gib es nur in gute Hände,
sonst stehst du herzlos da am Ende!

Fast göttlich

„Servus, grüß dich, Gabriele!
Erzähle mir gleich auf der Stelle,
ob du den Führerschein geschafft?
Und fährst du nun mit Motorkraft?
Ich hoffe sehr, das macht dir Spaß!"

„Und wie! Ich gebe so gern Gas.
Komm' mir wie eine Göttin vor!"

„Nanu? Wie das? Ich bin ganz Ohr!"

„Tja. sitzt mein Gatte Adalbert
daneben, betet er: „Sie fährt!
Ich hab den Zündschlüssel versteckt,
doch leider hat sie ihn entdeckt!
Ich will mich wirklich nicht beklagen,
aber es ist halt doch mein Wagen!
Und sie macht den vielleicht zu Schrott!
Bewahr mich davor, lieber Gott!"

Suiberdog

Es is da Dog wia hinter Suiberspiagl.
A grauer Glanz, am Rand weng oxydiert.
Da Newe schiabt da Sonna via an Riagl.
Da See schaugt aus, ois ob am Rand er gfriat.

A seltsams Liacht. A Buidl ohne Farben,
ois daad da Mond no drom am Himme steh
und hüllt de Berg in seine Suibergarben,
de dunkl spiagln se im suibern See.

Grau schwimmt in Grau. Doch nichts is ohne Hoffen.
‚s Liacht is no da, wenn aa ois matter Schei.
Ganz unbestimmt hoit ‚s no an Weg si offen,
ois kannt des Suiber ned von Dauer sei...

A triaber Dog, und doch ned ohne Leuchten.
A Suiber, dem de Zeit an Glanz weng nimmt.
Winter am See, wo in da Newefeuchten
‚s Buid vo de Berg oidsuiberfarben schwimmt...

O bittrer Winter!

Wenn die Winterstürme toben,
haufenweis kommt Schnee von oben
und die Welt wird kalt und weiß,
    So ein Scheiß!
Nein, ich kann ihn gar nicht lieben!
Wäre er nur fern geblieben!
Hätte er sich nur verpisst!
    So ein Mist!

Rot gefroren sind die Nasen.
Spiegelglatt werden die Straßen.
Abgefallen fast die Ohren.
    Mut verloren.
Eingewickelt wie Rouladen,
wie im fetten Speck die Maden,
trotzdem spürt man kaum die Zehen.
    Er könnt gehen!

Schlecht sieht's eigentlich nicht aus. –
Gehe ich jetzt aus dem Haus
in das frostige Geflimmer?
    Nie und nimmer!
Doch du willst mich überreden?
Nein, ich höre nicht auf jeden!
Fall nicht rein auf deinem Charme.
    Halt mich warm!

Eistanz

Da ist nur eine dünne Schicht
wie frisch gefror'nes Eis.
Und dass die irgendwann mal bricht,
ist's was ich sicher weiß.
Trotzdem bin ich so froh.
Ich weiß, dass ich hier bei dir bin
so nah wie nirgendwo.
Und keine Vorsicht hemmt den Schritt.
Ich schwebe elfengleich.
Ich wandre deinem Schatten mit,
den ich doch nie erreich'.
Du bist mir allezeit voraus.
Du bist, – als wärst du nicht. –
Ich streck die Hände nach dir aus
und streichle dein Gesicht.
Gedankenflügel der dich streift.
Hast du ihn nicht gespürt?
Die Bäume starr und schneebereift.
Weg, der ins Dunkle führt.
Ich tanze auf der dünnen Schicht
aus frisch gefror'nem Eis.
In mir drin brennt ein helles Licht.
Du hast's entzündet! Weißt du's nicht?

Ob je ein Mann was weiß?

Winterliche Kostbarkeiten – Na ja, aber ...

Heut schaugt de Straß' so glitzernd aus,
ois waarn drauf Diamanten gstraht!
Doch is' bloß Eis. Und so a Graus!
Da hätt's mi aa no beinah draht!

Er is scho schee, der Winterschmuck,
wenn d' Sonn drin funkelt, sprüht und glanzt!
Trotzdem wünsch i as Fruahjahr zruck,
wenn ‚s Bacherl über d' Kiesel tanzt,
wenn ‚s Amslliad wia Perlen klingt,
ois waar's a Gschmeid aus Melodie,
wenn d' Bliah aus alle Knospen springt,
a sanfter Wind stroaft drüber hi,
straht s' auf de Weg, wia liachtn Schnee
so flügelzart wia Schmetterling.
Gar nix redt da mehr vom Vageh!
Oiss, was so schwaar war, werd dann g'ring...

Schmückt er se mit am Diadem
aus Eiskristall, is koid sei Pracht.
Da Winter konn de Freid nia ge'm,
de uns as greane Fruahjahr macht!

Kaum zu glauben!

Im Museum „Völkerkunde"
eine Führung macht die Runde.
Vorne dran ein junger Lehrer
ist für alles der Erklärer.

Viele ihm ganz eifrig lauschen,
andere ein wenig plauschen,
hörn mit halbem Ohr nur hin,
haben anderes im Sinn.

Die Abteilung Pharaonen
würde sich zum Hinhörn lohnen,
davon weiß er allerlei.
Seine Hand bemerkt dabei
ein Gefäß, das reich geschmückt.
Er doziert da ganz entzückt:

„Dieses hier, so vasenähnlich,
das enthält, das weiß man nämlich,
und es ist ganz sicher, ja,
Asche von Kleopatra!"

Einer aus dem Hintergrund
hält nicht weihevoll den Mund:
„Nirgadwo war da die Red,
dass de so vui g'raucht ham häd!"

Des waar zum überlegen

Es is da Doktor Robert Schneider
a guada Arzt und aa a gscheider,
Er ist beliebt und kompetent,
des woaß a jeder, der eahm kennt.
An ganz an bsonders guadn Rat
hat fia d' Patienten er parat:
Sie soin se gsund und guad ernährn,
drauf achten, dass' zu dick ned wern.
Sport treiben, Radfahrn, schwimma geh
und ned z'vui sitzen, besser steh.
De Fiaß soin in Bewegung bleiben,
doch dabei gar nix übertreiben.

Wia gsagt, des is oiwei sei Red',
doch sich dro hoitn duad er ned…

Neilings war bei eahm d' Weberin.
Er redt, sie blinzelt zua eahm hin,
zwickt d' Augen zam, moi links, moi rechts.
Sie siehgt an eahm scheint's ebbas Schlechts.
Bis eahm des auffoit und er fragt,
ob sie vielleicht was bsonders plagt?
„Mei, Dokta," sagt d' Frau Weber drauf,
„mia foit da was bei Eahna auf.
Mäßig beim Essen, is Ihr Red',
doch fia Sie selber guit's scheints ned.
Mia kimmt des beinah via, i waar
bei Eahna wirkle in Gefahr.

Und deszweng zwick i d' Augen zam,
weil, Eahna Kittl sitzt so stramm,
dass' Eahna demnächst d' Knöpf absprengt.
Zur Sicherheit, hab i mir denkt,
muaß i a weng in Deckung geh.
trifft mi a Knopf, duad's sicher weh!"
Bei der Gefahr frag i mi scho,
i waar vielleicht weng besser dro,
gang demnächst i zum Dokta Frank.
Der hat koa Wampn. Der is schlank!"

Vorsicht!

Mäuslein, Mäuslein, sieh mal an,
was man von dir lernen kann!
Bist ein fabelhaftes Tier,
manches Sprichwort gibt's von dir:
Du beißt keinen Faden ab?
Was ich da gelesen hab,
das käm von der Fabel her.
Wo ein Löwe, stark und schwer,
in dem Netz gefangen war.
Und da hast du, wunderbar,
ohne Angst und ohne Zagen,
an dem Netzwerk rumzunagen,
dich trotz allem dran gemacht,
ihn in Freiheit so gebracht

Andrerseits kann es auch sein,
dich zu fangen, wie gemein!
war bei Fallen seinerzeit,
dort ein Faden nur bereit
und der hatte dann den Zweck,
um zu kommen an den Speck,
diesen fleißig zu zernagen!
Fielst drauf rein, fast ohne Zagen.
Außerdem wird noch berichtet,
hast du Schinken, Wurst gesichtet
die zum Räuchern hing im Rauch,
diese Schnur zernagst du auch!

Ach, du süße kleine Maus
kommst du ohne Raub nicht aus?
Leider gibt es noch die Katzen,
die dich fangen, die dich tratzen,
bis sie schließlich dich verschlingen..
Doch zum Glück mit nicht geringem
Nachwuchs bleibst du uns erhalten,
trotz des mannigfachen Walten,
das ich aufgezählt hier hab.
Beiß nur keinen Faden ab!

Ohne Oita

Von oana Frau, das hoaßt's, sie hat
mit vierzge erst den Reifegrad,
wo sie ihren eigna Wert erkennt
und ned am jeden Trend nachrennt.
Die Vierzig is a guade Zahl.
Ma is ned z'jung. Auf gar koan Fall
fia irgadebbas aber z'oid!
Ma is im besten Oita hoit.
Und weil' so schee is, bleibt ma's gar
de nächsten fuchzehn, zwanzig Jahr',
bis ma dann ganz verschämt erklärt,
dass ma boid 'Ende vierzig' werd.
Und überhaupts waar's gar ned gfehlt,
wenn ma ab vierzg „olympisch" zählt:
Alle vier Jahr a Jahrl mehr.
Gibt's wen, der da dagegen wär'?
Ab 'Ende Vierzig' soit ma glei
vo Haus aus ohne Oita sei.
Doch hat an Siebzg ma erreicht,
da duad ma se na wieder leicht.
Ma is scho so lang auf da Welt,
dass a jeds Jahr glei doppelt zählt,
da trumpft ma dann mim Oita auf
und legt vielleicht a weng was drauf,
damit ma d' ander tupft sogar,
de friahra 'zehn Jahr älter' war....

Schon wieder älter geworden

Kennst du das auch?
Du stehst vor deinem Spiegel,
noch morgenmüd,
die Augen schlafverklebt.
Ein Pustel blüht
am linken Nasenflügel,
die Oberlippe sich zum Gähnen hebt...
Da hältst du ein,
mitten in der Bewegung
und starrst dich an
und bist dir völlig fremd.
„Wer kann das sein?"
ist deine erste Regung,
denn an dem Bild,
da kennst du nur das Hemd...
Wer sieht dich an,
aus deinem eignen Spiegel?
Wer trägt dein Herz?
Du spürst, dass dein es ist!

Du bist bei dir:
Dein Kamm, dein Glas, dein Tiegel...
doch glaubst du nicht,
dass du es selber bist.
Wann hat die Zeit
mir das Gesicht genommen,
von dem ich glaubte,
dass es mir gehört?
So viel ist weg-
und viel dazu gekommen.
Sie hat es nicht,
hat nur mein Bild zerstört.
Kann ich mich jemals
an mich selbst gewöhnen?
Ob ich das Bild,
das fremde, akzeptier?
Verzeih, Gesicht,
du hörst mich leise stöhnen.
Du bist es nicht mehr
und gehörst doch mir...

Koa Oita!

Am offan Grab woant d' Gruawerin:
„Mei Bua, jetzt liegst hoit da herin!
I hab's vom ersten Dog oo gwusst.
wia i di glegt hab an mei Brust,
dass i di gwieß ned duachebring!
So kloa bist gwesen und so g'ring!
Wia hab i um dei Leben bet'!
Da Herrgott hat koa Eisehng ned!"

Miad hat se se an Grabstoa gloant,
de Gruawerin, und woant und woant...

Ja mei, sie is scho hochbetagt.
Der „Bua", um den s' so woant und klagt,
der nissig war, wia s'n geborn,
der is bloß dreiasiebzge worn...

Endstation?

Über Nacht hatte es geschneit. Mit geschlossenen Blütenkelchen standen die Krokusse wie frierende Kinder auf der weißen Wiese. Nur vereinzelt leuchtete das Gelb der Forsythienblüten durch die Schneekristalle.
Die alte Frau stand am Fenster und starrte hinaus. Der Tag war grau und düster. Vielleicht würde die Sonne heute gar nicht durch die Wolken kommen, vielleicht würde sie nie mehr kommen? Bettina Koller drehte sich um und sah in ihr Zimmer. Es waren ihre Möbel, ihr Bett, das Bild von Georg auf dem Nachtkästchen, und trotzdem kam sie sich hier fremd vor. Seit einem halben Jahr war sie in dem Altenheim, aber daheim war sie hier nicht. Würde sie es jemals sein?
Ihre Wohnung hatte sie aufgeben müssen. Nach einem Schwächeanfall war sie drei Tage hilflos in ihrem Zimmer gelegen, hatte die Schritte der Nachbarn im Treppenhaus gehört, aber niemand kam an ihre Tür, um sich nach ihr zu erkundigen, niemandem hatte sie gefehlt, keiner fragte nach ihr. Als es ihr schließlich wieder besser ging, war sie zur Gemeindeschwester gegangen, schweren Herzens, aber sie sagte sich, dass es sein musste, dass sie vielleicht eines Tages gar nicht mehr aufstehen konnte und was dann?
Schwester Uta hatte, wie durch ein Wunder, schon wenige Wochen später einen Platz für Bettina Koller in einem Seniorenheim gefunden. Es war ein sehr schönes Haus, modern eingerichtet, jeder Bewohner hatte sein eigenes kleines Appartement, das Frühstück wurde aufs Zimmer serviert, zum Mittagessen traf man sich im Speisesaal, das Abendessen konnte man sich nach Wahl selber besorgen oder bei der Etagendame vorbestellen. Es gab Unterhaltung, Lichtbildvorträge, Konzerte, Tanznachmittage, aber all das kostete Geld. Bettina Rente wurde fast aufgezehrt. Es blieb ihr nur ein kleiner Betrag zur freien Verfügung. Sie hatte sich zwar immer wieder gesagt, dass sie ja doch nichts mehr brauche, für alles war gesorgt, und was hatte ein alter Mensch von beinahe achtzig Jahren noch für Bedürfnisse? Aber trotzdem fühlte sie sich unfrei, eingeengt. Manchmal kam es ihr vor, als säße sie in einem Wartesaal und wartete auf den letzten Zug... Sie konnte hier nicht heimisch werden. Fand keinen Anschluss an kleine Gruppen, die sich oft schon seit Jahren kannten, miteinander Karten

spielten, gelegentlich Ausflüge machten. Sie war ihr Leben lang allein gewesen, hatte nie geheiratet, keine Kinder großgezogen. Buchhalterin in einer Eisenwarenhandlung war sie gewesen. Der Betrieb war nicht groß und dort hatte sie ein strenges Regiment geführt, hatte es führen müssen, denn sie fühlte sich für alles verantwortlich: dass die Angestellten pünktliche ihren Lohn erhielten, dass die Rechnungen fristgerecht bezahlt wurden, dass die Außenstände herein kamen. Vielleicht war sie durch das Leben mit den Zahlen hart geworden. „Die eiserne Jungfrau" nannte man sie hinter ihrem Rücken, da sie darauf bestand, mit Fräulein Koller angesprochen zu werden. „Frau Koller, das war meine Mutter!"sagte sie, wenn jemand sie so titulierte.
Sie hatte keine Verwandten, keine Geschwister, außerhalb des Dienstes keine Bekannten. Seit Jahrzehnten wohnte sie in der kleinen Hinterhofwohnung, in der sie schon mit den Eltern gelebt und der Vater eine düstere, niedrige Schusterwerkstatt betrieben hatte.
Als sie dann das Rentenalter erreichte, sah man sie kaum noch. Niemand wusste, was sie allein in ihrer Wohnung machte. Nur ab und zu ging sie zum Einkaufen, mit dem schwarzen, bestickten Samtbeutel mit den Holzgriffen, der schon ihrer Mutter gehört hatte. Manchmal lachten ein paar Kinder hinter ihr her und flüsterten über sie, wenn sie vorbei ging. Sie beachtete sie meist nicht, aber wenn ein Bub einmal so dreist war, sich ihr in den Weg zu stellen, sah sie ihn mit strengem Blick an und schob ihn beiseite. Die Erwachsenen grüßten sie zwar höflich, aber nie blieb jemand bei ihr stehen, um mit ihr zu sprechen.
Hier im Heim war sie genau so isoliert. Man hatte zwar ein paarmal versucht, sie in ein Gespräch zu ziehen, sie zum Mitmachen bei den Aktivitäten zu überreden, doch sie hatte immer einsilbig geantwortet, jeden Annäherungsversuch im Keim erstickt.

Als sie so am Fenster stand und in ihr Zimmer zurück blickte, hatte sie plötzlich das heftige Gefühl: „ Du kannst hier nicht bleiben!" Die Bilder ihrer Kindertage stiegen wieder in ihr auf, sie sah den Vater auf seinem Schusterschemel hocken und hörte das rhythmische Hämmern, mit dem er die Holzstifte in die Schuhsohlen schlug. Sie wusste, das alles gab es längst nicht mehr, war schon Jahrzehnte Vergangenheit, und trotzdem wurde sie von einem Heimweh erfasst, das jedes logische Denken auszuschalten schien. Wie mechanisch ging

sie zu ihrem Kleiderschrank und holte den Samtbeutel ihrer Mutter hervor. Viel ging nicht hinein. Eine Garnitur Unterwäsche, von den warmen, es war ja wieder kalt geworden. Eine Bluse, einen Rock, das Sparbuch, das unter der Bettwäsche gelegen hatte und Georgs Bild. Georg, der nicht wiedergekommen war aus dem großen Krieg, der einzige Mensch, der je erfahren hatte, dass sie nicht nur in Zahlen und Bilanzen dachte. Sie schlüpfte in ihren braunen, schon etwas abgetragenen Mantel. Dann ging sie auf den Balkon. Ihr Zimmer lag im Parterre, es würde nicht allzu schwierig sein, über die Brüstung zu klettern. In dem frisch gefallenen Schnee würde man zwar ihre Fußspuren sehen, aber bis das jemandem auffiel, war sie schon wer weiß wo. Wo? Darüber dachte sie nicht nach. Sie warf den Beutel voraus und es fiel ihr nicht schwer, sich zuerst am Balkongitter hoch zu ziehen und von dort hinunter zu springen. Sie war immer schlank und zierlich gewesen und beweglich geblieben. Einen kurzen Moment hatte sie Angst, sie würde vielleicht stürzen, sich ein Bein brechen und müsste dann auf die Pflegestation, aber sie schob den Gedanken sofort beiseite, schloss die Augen und sprang. Ein bisschen zittrig kam sie auf die Beine, aber es war nichts passiert. Nur ein paar Meter weiter begann der Wald. Und wenn sie ihn durchquerte, war sie in einer Viertelstunde an der Bushaltestelle. Sie würde bis zur Endstation fahren. Dort war der Friedhof, das Grab der Eltern. Sie wusste nicht, was sie dort wollte, ob sie überhaupt dorthin wollte, sie ging, als wäre sie aufgezogen, als hätte sie gar keine andere Wahl. Im Bus war es kalt. Nur drei, vier Leue saßen darin. Es war noch sehr früh am Morgen, sie hatte, seit die erste Amsel in den Büschen zu schlagen angefangen hatte, nicht mehr schlafen können. Für einen Augenblick fiel ihr ein, man würde sie schon bald, wenn das Frühstück serviert wurde, vermissen. Aber es war ihr egal.
Als sie über den Friedhof ging, brach plötzlich die Sonne aus den grauen Wolken. Wie Perlen hingen die Tropfen geschmolzenen Schnees in den Zweigen mit den prallen, noch ungeöffneten Knospen. Es wurde sogar so warm, dass sie ihren Mantel öffnete, als sie sich auf eine feuchte Bank setzte. Die graue Wolkendecke war zerrissen, da und dort lugte ein Fetzchen Blau heraus. So blau waren Georgs Augen gewesen. Dass sie heute immer an ihn denken musste? Sie zog sein Bild aus der Tasche und betrachtete es, als hätte sie es

noch nie gesehen. Wie jung er war! Ihm war die Möglichkeit genommen worden, alt zu werden, mit ihr alt zu werden. Manchmal kam es ihr so vor, als wäre er ihr Sohn, der Sohn, den sie gerne gehabt hätte und den sie nie bekommen hatte. Wäre dann alles anders gewesen, wenn sie einen Sohn gehabt hätte? Wäre sie dann nicht im Heim? Hätte sie dann eine Heimat? „Kinder gehören einem nicht, man gehört den Kindern", hatte sie einmal gelesen. „Und wenn man nicht mehr gebraucht wird, wird man abgeschoben", dachte sie. War das wirklich so? Ein plötzlicher Windhauch hatte die Birkenzweige bewegt, in denen eine Meise herum turnte und die alte Frau mit neugierigen Knopfaugen beobachtete. Bettina fröstelte und zog ihren Mantel enger um sich.

Dann stand, ohne dass sie ihn früher bemerkt hatte, ein Polizist mit einem Hund vor ihrer Bank. „Frau Koller?" frage er und tippte leicht an den Schild seiner Mütze. Das war schneller gegangen, als sie gedacht hatte. Sie wurde also schon gesucht.

„Darf ich bitte Ihren Ausweis sehen?"

Sie zuckte hilflos die Schultern. Den hatte sie nicht eingesteckt. Wozu auch? Dort, wo sie hin wollte, brauchte man keinen Ausweis. Wo wollte sie hin?

Er nahm seine Mütze ab und setzte sich neben sie. „Was machen S' denn für Gschichtn?" Er hatte Georgs Stimme, er hatte Georgs Augen, er hatte Georgs dichtes, braunes Haar. – Der Hund spitzte aufmerksam die Ohren und sah mit schief geneigtem Kopf zu, als sein Herr die faltige Hand der alten Frau in die seine nahm und leise darüber streichelte. „Wie kalt Ihre Finger sind! Was machen S' denn hier?"

Durfte man nicht mehr auf den Friedhof gehen, das Grab der Eltern besuchen, Erinnerungen nachhängen?

„Freilich dürfen S' das. Aber nicht über den Balkon klettern. Durch die Pforte wenn S' gangen wären, hätten sich dort abgemeldet, wäre alles in Ordnung."

„Bin ich denn im Gefängnis?"

„Nein, Sie sind nicht im Gefängnis. Oder besser gsagt, irgendwie sind wir doch alle gefangen. Wir haben unsere Pflichten, wir haben unseren Platz, wo wir hin gehören. Keiner kann sich einfach davon schleichen."

„Was hab ich denn noch für Pflichten? Keiner braucht mich. Und dort gehör ich auch nicht hin, dort bin ich nicht daheim. Das ist wie eine Endstation, an der ich versehentlich ausgestiegen bin und wo ich mich nicht auskenne."

„Irgendwo ist immer Endstation. Aber ich würd' sagen, die letzte Station ist doch eher hier, auf dem Friedhof. Und daheim, daheim sind wir in uns selber. Wirklich heimatlos ist nur der, der in sich keine Heimat findet. Gehn wir mitnand ein Tasserl Kaffee trinken? Ich lad Sie ein. Und dann bring ich Sie zurück. Man hat sich Sorgen um Sie gemacht! Die Stationsschwester zum Beispiel und das Serviermädchen. Ja und dann Ihr Nachbar, Ihr Zimmernachbar hat gesehen, wie Sie über den Balkon geklettert sind. Sie wissen doch, er ist allein ziemlich hilflos, er konnte Sie nicht zurück halten, und bis er den Alarmknopf erreichte, waren Sie schon im Wald verschwunden."

Da gab es also doch jemanden, der sich um sie sorgte – und der sie brauchte, jemand, um den sie sich kümmern konnte. Sollte man nicht mehr um sich schauen, auch wenn der Weg zur Endstation nicht mehr weit war?

Er lächelte ihr zu, als er ihr aufhalf. „Darf ich Sie ab und zu besuchen?"Jetzt wusste sie, dass sie die letzte Strecke nicht allein gehen musste.

Altes Eisen

Es ist nicht von der Hand zu weisen:
Bald zählen wir zum „alten Eisen"!
Doch muss das schon ein Nachteil sein?
Was alt ist, schätzt man höher ein,
das steigert oftmals seinen Wert,
bisweilen sogar unerhört!
Antiquitäten, wie man weiß,
erzielen einen guten Preis,
gelegentlich mehr, als man glaubt.
Werden gestohlen und geraubt,
gefälscht auch, was dann den verwirrt,
der als Experte sich geirrt.
Doch Eisen wenig dazu zählt,
weil selten sich's „antik" verhält.
Rost fliegt es halt bisweilen an,
was oft man nicht verhindern kann.
So „rosten" manchmal wir auch ein,
können nicht mehr gelenkig sein.
Arthrosen, Rheuma und dergleichen
gelingt's nicht immer auszuweichen.
Doch wem's an Frohsinn nicht gebricht,
den stören solche Macken nicht.
Weiß nur der Kopf noch, was er tut
und will, so ist doch alles gut.
In Schmuckgestalt ein Eisenzaun,
ist der nicht stets gut anzuschaun?
Der Rost, als Patina betrachtet
macht wertvoll! Und wird nicht verachtet!
Genieß Dein neues Lebensjahr
und freue Dich, an dem, was war!
Denn eisern hält sich altes Eisen,
das wollen selber wir beweisen!

Eine merkwürdige Geschichte

Das Leben erzählt uns bisweilen merkwürdige Geschichten. Merkwürdig? Das bedeutet doch, etwas ist würdig, es sich zu merken? Unser Gedächtnis ist ab und zu ein sehr kurzfristiges. Man nimmt sich vor, sich dies und das zu merken, und vergisst doch so schnell. Und wenn eine Geschichte „merkwürdig" ist, ist sie manchmal nicht nur seltsam, sondern auch nicht glaubwürdig. Denn was man bei merkwürdigen Geschichten vorwiegend braucht, ist der Glaube daran, der Zweifel macht sie unglaubwürdig, rückt sie in die Nähe der Lüge. Bei Lügenschichten schütteln wir nur die Köpfe und wissen: die gehören ins Reich der Phantasie! Sind vielleicht amüsant, aber: Was da erzählt wird, ist nicht wirklich, kann nicht wirklich passiert sein. Das gibt es nicht! Oder doch?
Die Rentnerin Friederike Blümel saß in der U-Bahn. Sie war auf der Bank gewesen, um ihre Kontoauszüge abzuholen. Die Endsumme darauf war nicht gerade so, als dass sie damit hätte große Sprünge machen können. Aber gereicht hatte es noch immer und sie würde auch diesen Monat damit hinkommen, falls nicht etwas Unerwartetes passierte. Was sie zwar nicht ausschließen konnte, aber doch hoffte, dass sich dieses nicht ereignen würde. Vielleicht etwas beim Zahnarzt? Den sie schon länger nicht mehr aufgesucht hatte. Oder eine Mieterhöhung? Unmöglich war nichts, doch an die Hoffnung konnte man sich ja immer noch klammern.
Eine junge Frau setzte sich Friederike Blümel gegenüber. Sie sah nicht auffällig aus, keinen Hinweis auf irgendetwas Außergewöhnliches. Sie beugte sich zu Friederike herüber und wispert: „Bitte. Ich bin arbeitslos und lebe mehr oder weniger auf der Straße." Es war keine Spur von Heruntergekommenheit an ihr. Sie war sauber, das Haar ordentlich, sie trug eine Jogginghose und Turnschuhe, nichts Auffallendes. Sie war nicht ungepflegt. „Haben Sie ein paar Cent für mich übrig? Ich habe Hunger!"
Es war Mittagszeit. Friederike hatte selber Hunger und gerade überlegt, was sie sich zu Hause zum Essen herrichten könne. Ein Rest von gestern war noch da. Ein Stückchen Suppenfleisch in Soße mit Kartoffeln. Für heute Abend würde es eventuell auch noch reichen. Sie könnte die junge Frau sogar zu sich einladen! Aber das wollte sie

dann doch nicht. So kramte sie in ihrer Handtasche nach der Geldbörse. Ein paar Cent hatte die junge Frau erbeten. Die fand Friederike und bedauerte gleichzeitig, dass es wirklich nur ein paar waren. Nicht mehr als 40 Cent Kleingeld brachte sie zusammen. Das reichte vielleicht gerade für eine Semmel. Aber mehr war beim besten Willen nicht in ihrer Börse. Hätte sie der Fremden einen 10 Euro Schein geben sollen? Etwas Kleineres hatte sie nicht zur Verfügung. Und: Zehn Euro waren für sie selber auch kein „Kleingeld" mehr. –
Die junge Frau sah in ihre Hand, zuckte mit den Schultern, wandte sich an den nächsten Fahrgast mit ihrer Bitte um etwas Kleingeld, um ihren Hunger stillen zu können. Es schien, als wäre ihr Gang durch den U-Bahn-Wagen nicht ganz erfolglos. Sie stieg an der gleichen Haltestelle aus, wie Friederike Blümel. Diese sah sie im Supermarkt wieder, wo die Bettlerin „einkaufte." Nicht unbedingt etwas zu essen, wie sie in der U-Bahn gesagt hatte, sondern eine Handvoll Süßigkeiten. Gut. Warum sollte eine junge Frau nicht auch Appetit auf Süßes haben? Noch dazu, wo das Angebot im Laden so groß war. Friederike gönnte es ihr und war nicht mehr so bedrückt, weil sie der Bettlerin in der U-Bahn nicht mehr als ein paar Cent hatte geben können. Wo sie doch gerne wirklich deren Hunger mit besseren Mitteln hatte stillen wollen!
Was aber nun das merkwürdige an dieser Geschichte ist: Als Friederike Blümel zu Hause ihre Abrechnung machte, wie immer, wenn sie beim Einkaufen gewesen war, denn schließlich musste sie selber mit jedem Cent rechnen und konnte sich keine großen Sprünge leisten, obwohl, „um" ging es immer. – Da waren in ihrem Geldbeutel plötzlich zehn Euro mehr drin, als eigentlich darin sein sollten! Zehn Euro! Das war unglaublich! Sie hatte doch immer exakt abgerechnet. Es stimmte stets auf den Cent und jetzt mit einem Mal ganze zehn Euro mehr! Das ging nicht mit rechten Dingen zu! Friederike überlegte hin und her und her und hin. Zehn Euro, die hätte sie beinahe der bettelnden jungen Frau gegeben, wen sie es sich nicht doch letzten Endes anders überlegt hätte. Weils halt nicht gegangen war, weil sie es an sich selber gespürt hätte! Aber nun: Da waren zehn Euro mehr in ihrem Geldbeutel. Unerklärlich! Unmöglich! Ausgeschlossen! Das gab es nicht! Das durfte nicht sein!
Eine schlaflose Nacht brachte Friederike Blümel hinter sich. Dann

ging sie in die Kirche und warf den übrigen Zehn-Euro-Schein in den Opferkasten. Unrecht Gut, Geld, wollte sie nicht. Nur: Als sie zu Hause ihre obligatorische Abrechnung machte, fand sie in ihrer Kasse wiederum zehn Euro zu viel!
Eine rätselhafte Geschichte. Irgendetwas mit ihrer Rechenkunst schien nicht mehr zu stimmen. Vielleicht gibt es doch so etwas wie eine gute Fee, die den guten Willen belohnt? Friederike Blümel beließ es dabei.

Die Füchsin

Sie war noch ein Baby, als sie ihm gebracht wurde, schließlich war er ja bekannt dafür, dass er sich solcher hilflosen Geschöpfe annahm. Egal ob es sich um Eichhörnchen handelte, die noch nicht ausgewachsen waren und aus irgendeinem Grund von ihren Eltern verlassen wurden. Ob es ein Vogel war, der aus dem Nest gefallen oder sich etwas gebrochen hatte. Gottfried Gruber half immer, so weit er es konnte. Und er hatte auch fast immer Erfolg mit seinen Bemühungen. Bei dem Baby, das man ihm diesmal anvertraut hatte, handelte es sich um kein menschliches sondern um einen kleinen Fuchs. Ob er sich verirrt hatte bei seinem ersten Ausflug aus der Höhle, ob seine Mutter erschossen worden war und daher nicht mehr zu ihm zurückkommen konnte? Irgendwo im Wald war er von spielenden Kindern gefunden worden und die hatten ihn einfach mitgenommen. Er war ja so niedlich, der winzig kleine Reinecke! Seine Augen waren zwar schon offen, sehen konnte er also, aber er wimmerte und greinte, eben wie ein kleines Kind. Vermutlich hatte er Hunger. Vielleicht war er auch krank? Jedenfalls hatten die Kinder auf einmal ein schlechtes Gewissen, dass sie den kleinen Fuchs mitgenommen hatten. Vielleicht hatte er sich gar nicht verirrte? Vielleicht war seine Mutter auf Futtersuche und würde bald zurückkommen - und dann ihr Kind nicht mehr finden! Sollten sie das Füchslein zurück tragen und dort absetzen, wo sie es gefunden hatte? Aber sie wussten nicht mehr genau, wo das gewesen war. Hatten sie dort einen Fuchsbau gesehen? Freilich, die sind meist sehr gut versteckt, sollten sie doch auch ein sicheres Heim für den Nachwuchs sein! Jedenfalls, jetzt wussten die Kinder keinen bes-

seren Rat, als ihren Fund, den sie in einem Körbchen untergebracht hatten, mit dem sie Pilze oder Eicheln hatten sammeln wollen, zum Gruber zu bringen, der ihnen zwar einen Vortrag über ihr Fehlverhalten hielt, aber dann doch das Füchslein entgegen nahm. Es war noch so jung, dass sein Pelz nicht die rötliche Farbe der erwachsenen Füchse aufwies, sondern hellgrau, sehr dicht und weich war. Fuchsig würde es später werden, vorerst war diese Färbung auch eine gute Tarnung, wenn die Fuchskinder ihren ersten Ausflug aus der sicheren Höhle wagten. Überhaupt, Fuchskinder? Er müssten doch noch Geschwister dort gewesen sein, selten brachte eine Füchsin nur ein Junges zu Welt. Aber egal, es war wie es war, jetzt hatte Gottfried Gruber ein neues Pflegekind. Und zuerst einmal musste er für Futter sorgen, denn das Füchslein wimmerte und suchte mit seinem Schnäuzchen nach der lebensnotwendigen Quelle.
Kuhmilch? Vermutlich war die nicht so gut geeignet, aber was dann? Vielleicht verdünnt? Es war ein Wagnis, der kleinen Füchsin so etwas zu geben. War Ziegenmilch eventuell besser? Der Nachbar hatte Ziegen, dort würde er sicher ein Kännchen voll davon bekommen. Dann fiel Gruber noch etwas ein! Seine Hündin Molli hatte vor einiger Zeit Junge geworfen. Davon war zwar keines mehr da, sie waren so nach und nach in gute Hände abgegeben worden und wahrscheinlich war Mollis Milchquelle inzwischen versiegt, aber man konnte es immerhin probieren, es könnte doch sein, dass sie bei einer erneuten Inanspruchnahme wieder zu laufen anfing? Einen Versuch wollte er auf alle Fälle machen - und so legte er die kleine Füchsin zu Molli ins Körbchen.
Die Hündin schnupperte zuerst vorsichtig an dieser „Gabe". Wie würde sie reagieren? Schließlich war sie ein Dachshund und somit irgendwie ein „Feind"! Dackel wurden für Fuchsjagden verwendet, weil sie in die Höhlen hineinkriechen und die Füchse darin heraus scheuchen konnten. Aber Molli hatte keinerlei Aggressionen gegen den kleinen Fuchs. Sie rückte zur Seite, er kuschelte sich an sie - und suchte die Milchquelle. Noch hatte die Hündin diese nicht im Angebot. Gruber hatte Kuhmilch mit viel Wasser verdünnt, in der Hoffnung, dass diese dem Füchslein zuerst einmal den Hunger stillen würde, und gab ihm diese Tropfen für Tropfen ins Mäulchen. Trolli, wie er den kleinen Fuchs genannt hatte, leckte und schluckte und suchte

und fand und war schließlich so müde, von der Anstrengung, dass er sich, an Molli gekuschelt, wohl zu fühlen schien und einschlief.

Das Füchslein Trolli hatte die Dackeline Molli als Mutter akzeptiert, deren Milchquelle tatsächlich erneut zu laufen anfing. Die Natur war wieder einmal für ein Wunder zuständig gewesen.

Trolli wuchs auf, tollte herum, war übermütig wie ein Kind, hielt sich vermutlich für einen Hund. Sie ging mit Gruber spazieren, an der Leine wie Molli. Sie bekam die gleiche Nahrung wie ihre Ziehmutter: zuerst Hackfleisch, vermischt mit Haferflocken, dann auch Hundefutter aus der Dose. Sie versuchte zu bellen, wie es Molli tat, aber bei ihr wurde es eher zu einem krächzenden Heulen. Sie fing an, Mäusen nachzugraben, sie verfolgte die Hühner vom Nachbarn, zum Glück erwischte sie keines, aber Ärger und Aufregung gab es trotzdem - und dann war Trolli plötzlich erwachsen! Sollte Gruber sie auswildern? Sie gehörte doch in den Wald! Aber würde sie dort zurecht kommen, so ganz unfüchsisch, wie sie aufgewachsen war?

Dann war sie eines Tages verschwunden. Molli und Gruber suchten nach ihr und wussten nicht, wo genau sie suchen sollten. Hatte sie in den Wald zurück gefunden? War sie eventuell überfahren worden? Sie war ja „zivilisiert" aufgewachsen, untypisch für eine Fähe, wie bekam ihr die Wildnis? Sie musste dort doch neu lernen, etwas anderes lernen, als sie bisher kannte. Alle Überlegungen führten zu nichts. Trolli war weg.

Aber eines Tages stand sie vor dem Gartentor, war ihr krächzendes Heulen zu hören. Gottfried und Molli liefen hinaus, ließen Trolli herein, liebkosten, streichelten sie, Molli leckte ihr Ziehkind ab. Es war aber nur ein Besuch, der sich immer wieder, in immer größeren Abständen wiederholte, Trolli blieb nicht mehr hier. Sie war ein Waldkind und das gönnten ihr die „Zieheltern" auch von Herzen. Wie es ihr weiter erging? Das blieb ihr Geheimnis. –

Vielleicht doch nicht so ganz. Denn dann war auch Gruber nicht mehr da. Freilich, er war schon in Pension und hatte des Öfteren erzählt, dass er gerne reisen würde, sich noch ein bisschen die Welt ansehen. Genaueres wusste niemand. Im Wald wurde hin und wieder ein Fuchspaar gesehen, das sehr liebevoll miteinander umging...

Alarm!

Wie jeden Donnerstag nach dem Senioren-Turnen saßen die vier in der Konditorei „Zum Windeck" bei Kaffee und Prinzregententorte beisammen. Mathilde trank lieber einen Pharisäer, in dem sich ein guter Schuss Rum versteckte. Daniela mochte Kakao, dafür, um Kalorien zu sparen, aß sie nur ein Brioche, das ja normalerweise keinen Zucker enthielt. Die anderen beiden, Gerda und Elisabeth, hielten sich an Kaffee, die eine schwarz, die andere mit allem. Doch die Prinzregententorte war ein Muss! Davon ließ sich nur Daniela abhalten, obwohl sie später, wenn sich die kleine Runde auflöste, noch einmal zurückging, immer unter dem Vorwand, etwas liegengelassen, vergessen zu haben. Dann ließ sie sich das Tortenstück einpacken, um es zu Hause, ohne schlechtes Gewissen und die schiefen Blicke der Freundinnen, zu genießen. Die anderen wussten allerdings von dieser kleinen Heimlichtuerei und waren diskret weiter gegangen, damit Daniela nicht merkte, was sie alle längst wussten.

Wie gesagt, jeden Donnerstag gingen die vier miteinander in das Cafe, und obwohl sie sich doch jede Woche trafen, alle verwitwet waren, gab es noch genug Gesprächsstoff, auch wenn es nur um das Fernsehprogramm ging, das in ihren Augen immer schlechter wurde, vor allem, weil es beinahe tagtäglich fast ausschließlich Krimis gab, keine schönen, alten Spielfilme mit Walter Giller und Nadja Tiller oder mit O.W. Fischer. Ach ja! Mathilde hatte einmal, beinahe schamrot gestanden, wie sehr sie diesen Schauspieler verehrt und sogar sein Foto unter ihrem Kopfkissen gehabt und dieses abends vor dem Schlafengehen noch abgebusselt hatte…

Warum das Thema aber diesmal ging, war ernsterer Natur. Gerda erzählte, dass es ihr schon zweimal passiert war, dass sie im Wohnzimmer über die Teppichkante stolperte und beinahe stürzte. Darauf meinte Daniela: „Da wird es aber Zeit, dass du dir einen Notrufknopf bei einer Hilfsorganisation anschaffst, ich hab schon lange so einen und fühle mich damit sicherer. Wenn man allein lebt, kann es lange dauern, bis jemand die Hilferufe hört, vielleicht kann man auch gar nicht mehr um Hilfe rufen. Wenn im ganzen Haus die meisten Mitbewohner unter Tags gar nicht da, sondern in der Arbeit sind, ist man wirklich verloren und verratzt. Ich hab so einen Notknopf, den kann

man am Handgelenk oder auch am Oberarm tragen, jedenfalls so, dass er immer gut erreichbar ist. Anmelden muss man sich bei der Organisation, die erhalten dann deinen Wohnungsschlüssel, damit sie jederzeit zu dir kommen können und nicht erst die Feuerwehr mit dem Sperrzeug anrückt und eventuell die Tür beschädigt. Also ich würde dir schon dringend dazu raten.
Elisabeth, die ein wenig jünger war, als die anderen, meinte abfällig: „Mir ist noch nichts passiert in meiner Wohnung. Eigentlich möchte ich keine fremden Menschen bei mir haben. Schon gleich gar nicht meine Schlüssel Fremden überlassen! Außerdem habe ich ja meinen Sohn, den ich anrufen kann, wenn ich Hilfe brauche."
„Tja", sagte Gerda, „der wird auch nicht immer Zeit für dich haben und stets erreichbar sein. So ein Notknopf ist schon eine gute Sache, kostet freilich auch was, aber irgendwie fühlt man sich auf der sicheren Seite!"
Die Debatte ging noch eine Weile hin und her, gab aber Daniela Grund zum Nachdenken und Grübeln. Sie hatte zwar bisher keinerlei Probleme und war insgesamt auch recht regsam, aber so ein Notsignal in greifbarer Näher schien ihr doch ganz praktisch. Also unternahm sie alle Schritte, und meldete sich beim Roten Kreuz als Interessentin für den Notknopf an.
Es ging dann auch relativ schnell, dass sie das elastische Band mit dem roten Knopf bekam, ihre Zweitschlüssel übergeben hatte und registriert war. Der erste Monat lief sozusagen auf Probe und kostete nichts. Beim nächsten Cafebesuch nach der Turnstunde erzählt sie davon. Und da entschloss auch Elisabeth sich für diesen Weg.
Als sie ein paar Tage später zu Bett ging, schob sie das Band auf ihren Oberarm, legte es nicht auf das Nachtkästchen. Sie schlief unruhig und träumte schwer. Plötzlich schreckte sie auf! Da war ein Geräusch in ihrer Wohnung! Noch ehe sie ihren Lichtschalter erreichen konnte, legte sich eine Hand auf ihren Arm! Ein Fremder war in ihrer Wohnung! Sie schrie auf. Ihr Herz klopfte wie wild, ihr Atem stockte. Der Notknopf! Vielleicht half der auch. wenn ein Einbrecher neben ihrem Bett stand? Sie tastete danach, im gleichen Augenblick flammte das Nachttischlämpchen auf und sie sah einen fremden Mann. Er trug den Dienstanzug eines Sanitäters. „Ruhig, ganz ruhig, Frau Distler. Ist alles in Ordnung? Sie haben den Notruf gedrückt. Jetzt sind wir da und wollen helfen. Was fehlt Ihnen, wo haben sie Schmerzen?"

Elisabeth atmete schwer und drückte ihre Hand auf das Herz. Sofort fühlte der Sanitäter nach ihrem Puls. Konnte es sich um einen Herzinfarkt handeln? Warum hatte die Frau den Notruf betätigt? Elisabeth schluckte ein paarmal und schüttelte dann den Kopf. Sie hatte den Notknopf nicht gedrückt! Sie war nicht krank und nicht in Not – aber sie hatte offensichtlich beim Liegen den Knopf berührt, so dass es an der Stelle, die dafür zuständig war, Signal gab. Alles war gut, falscher Alarm, auch die Gewissheit, dass sich im Falle eines Falles sofort Hilfe zur Stelle war.

Mit einem beruhigten Gewissen und einem tiefen Seufzer schlief Elisabeth Distler wieder ein. Beim nächsten Besuch im Cafe hatte sie etwas zu erzählen!

Auch heute noch…

Von den Irrfahrten des Odysseus haben viele gehört, auch gelesen, wenn sie eine höhere Bildung genießen durften, zumindest ist diese Geschichte nicht ganz unbekannt. Der arme Kerl war nach dem trojanischen Krieg etliche Jahre unterwegs, musste viele Abenteuer überstehen, verlor dabei einen Teil seiner Gefährten und hatte dann noch Ärger mit den Bewerbern seiner Frau, die diese für eine Witwe hielten und sich Chancen ausrechneten – jedenfalls war das schon eine Geschichte, die sich über Jahrhunderte erhalten hat und auch heute noch erzählt wird.

Solche Irrfahrten können auch heute passieren, allerdings nicht so umfangreich und abenteuerlich, obwohl – na ja: Nerven können sie schon kosten, Aufregung und Verunsicherung auslösen und bisweilen in Zweifel ausarten, ob man wohl doch noch irgendwann wieder nach Hause kommt.

Auf die Bitte eines Betreuers meiner Freundin, die sich damals mit einem Rippenbruch im Krankenhaus befand, sollte ich sie am Sonntag besuchen, weil er da so gar keine Zeit hatte und doch unter der Woche zu ihr ging. In Ordnung, warum nicht, ich hatte nichts Besseres vor und wollte sie sowieso besuchen, warum dann nicht am Sonntag. Ich machte mich also auf den Weg, der nicht gerade kurz war. Zuerst mit dem Bus zur U-Bahn, dann damit zum Hauptbahnhof und weiter mit

der S-Bahn. Eine andere Freundin, die dort, an der von mir angepeilten Station wohnte, hatte mir gesagt, es wäre keine Schwierigkeit, vom Bahnhof mit dem Taxi zum Krankenhaus zu kommen.
Es stand kein Taxi am Bahnhof. Also mit dem Bus. Am Busbahnhof, zu dem man mich gewiesen hatte, waren zwar Plätze für mindestens zehn Busse, es standen aber nur drei dort. Welcher war der richtige? Der erste Fahrer meinte, er kenne sich da nicht aus, war aber bereit, bei den beiden anderen Kollegen nachzufragen. Sehr schade, dass keiner von den Dreien so gut Deutsch konnte, um mir eine geeignete Auskunft zu geben. Ganz nebenbei bemerkt: Am Sonntag fuhren die Busse nur jede Stunde. Wenn also der, den ich brauchte, gerade unterwegs war, musste ich warten, bis er von seiner Tour zurückkam und dann noch einmal eine Stunde drauflegen, bis er wieder anfuhr.
Der dritte Busfahrer war ein wenig zugänglicher, und meinte, er würde zumindest in die Nähe des Krankenhauses kommen und ich könne mit ihm mitfahren. Er wollte auch schon seinem Standplatz verlassen, wurde gerade noch von dem Kollegen angehalten, der sich um meine Angelegenheit gekümmert hatte. Ich stieg also bei diesem Dritten ein, in der Hoffnung, dass seine Auskunft richtig war. Neben ihm stand ein Mädchen, mit dem er sich sehr angeregt unterhielt. Würde er mir rechtzeitig sagen, wann ich auszusteigen hätte? Ein wenig schüchtern warf ich meine Frage in diese Unterhaltung. Das Mädchen, beziehungsweise die junge Frau, meinte, sie würde mir schon Bescheid sagen, wenn wir in der Nähe des Krankenhauses wären. Was sie dann auch tat. Ich stieg aus. Mit mir war noch ein Mann ausgestiegen, der sagte, er würde in die Richtung gehen, in die ich müsste, ich könne mich ihm kurz anschließen. Vertrauensvoll stapfte ich neben ihm her. Sein Weg ging nur wenige Schritte mit dem meinen, als er deutete: „Also bei dem Haus dort müssen Sie nach rechts abbiegen und dann sehen Sie das Krankenhaus schon." Ich bedankte mich für seine Hilfe, bog bei dem bezeichneten Haus ab und – da war nichts, was nach einem Krankenhaus aussah. Vertrauensvoll ging ich aber weiter und tatsächlich, da gab es ein etwas größeres Gebäude, das kein „normales" Haus sein konnte. Ein paar Stufen stieg ich hinauf und stand an der Rezeption. In einer Art Glaskasten saß ein uniformierter Mann. Ich fragte nach der Zimmernummer meiner Freundin.
Über den Rand seiner Brille sah er mich an, als wäre ich ein Fabelwe-

sen. Dann räusperte er sich und fragte: „Haben Sie einen gültigen Test?" Einen Test? Wofür?
Wir hatten Corona, natürlich brauchte ich einen Test, um in die Klinik eingelassen zu werden. Nur woher nehmen? Grantig meinte er: „Haben Sie das Häuschen da draußen nicht gesehen? Das ist die Teststation, da müssen Sie sich testen lassen."
Ja klar, das Häuschen hatte ich gesehen und auch, dass da schon einige Personen davor warteten, aber der Sinn der Sache war mir nicht aufgegangen. Ich also wieder hinaus und mich in die Reihe der Wartenden eingereiht. Es waren so an die vier bis sechs Personen, es konnte doch eigentlich nicht so lange dauern. Meiner Berechnung nach, als ich von zu Hause wegfuhr, hatte ich gedacht, ich könnte etwa zur Besuchszeit so um 15 Uhr am Bett meiner Freundin sein. Es war kurz vor 3 Uhr nachmittags, als ich am Testhäuschen stand.
Es war Viertel nach drei, als ich drankam. Damit war ich aber noch längst nicht fertig. Ich musste auf das Ergebnis warten, was wiederum eine knappe halbe Stunde dauerte. Dann hatte ich endlich das Testergebnis, das mir erlaubte, das Krankenhaus zu betreten. Meiner Freundin wurde gerade das Abendessen serviert. – Die Schwester war recht froh, dass ich zur Verfügung stand, um meiner Freundin die zwei dünnen Toastscheiben, ungetoastet, mit einem Hauch Butter zu versehen und je eine Scheibe Wurst und eine Scheibe Käse darauf zu drapieren. Dann musste ich aber wieder gehen, denn es war Zeit für die Abendtoilette. Ich hatte also eine knappe Viertelstunde bei meiner Freundin an ihrem Krankenbett verbracht, nach gut zwei Stunden Wartezeit darauf.
Das Abenteuer ging noch weiter. Als ich vom Krankenhaus wegging, zu dem Häuschen, das man mir bei dem Hergang als Richtungsweiser genannt hatte, stand ich da und wusste nicht mehr, woher ich gekommen war! Wo war die Bushaltestelle, an der ich ausstieg? Musste ich jetzt nach rechts oder eher nach links? Noch einmal zurück an das Glashäuschen am Eingang des Krankenhauses, um ein Taxi zu bestellen? Die Haltestelle musste doch da irgendwo in der Nähe sein! Verdammt noch mal!
Ich ging also die Straße hinunter, in der Hoffnung, gleich, gleich, die Haltestelle zu sehen. Nichts, weit und breit nichts, das nur im Entferntesten an einen Haltepunkt erinnerte. In einem Garten arbeite eine

Frau. Ich rief sie an und fragte, wo hier eventuell ein Bus halten würde. Davon abgesehen, dass sie mich zuerst offenbar gar nicht gehört hatte, wandte sie sich dann doch brummig mir zu. „Da woaß i nix!"
Sie brauchte offenbar niemals einen Busverbindung zum Bahnhof. Ich latschte weiter. Ein wenig entfernt sah ich, dass sich eine Frau in ihr Autos setzte, nachdem sie das Gartentor geöffnet hatte. Ich hastete hin, sie hielt an und ich fragte nach der nächstgelegenen Bushaltestelle. Die kannte sie auch nicht, klar, wenn man ein Auto hatte, brauchte man keinen Bus, sie meinte aber, sie könne mich ein Stück mitnehmen, vielleicht wäre da weiter vorne eine Haltestelle. Da war eine! Ich stieg aus, sie wartete noch, ob dieser Bus zum Bahnhof fuhr und nachdem ich das laut Fahrplan festgestellt hatte, verließ sie mich und fuhr ihres Weges.
Der Fahrplan erzählte mir, dass der Bus am Wochenende nur jede Stunde fuhr. Na ja,. das hatte ich ja schon am Bahnhof festgestellt. Hier hatte ich eine dreiviertel Stunde zu warten, bis der Bus kam, der mich zum S-Bahnhof bringen sollte, was er dann auch tat, aber. Am Bahnhof ein Menschenauflauf. Durch irgendeinen Schaden waren die nächsten Züge der S-Bahn ausgefallen, man konnte nicht erfahren, wann der normale Betrieb wieder aufgenommen werden würde, aber es gäbe einen Ersatzverkehr! Ha! Taxen, ja, aber bei diesen Menschenmassen und mehr als vier Personen passten nicht in ein Taxi, die wenigen, die eines ergattern konnten, fielen überhaupt nicht ins Gewicht, hinterließen keine Lücke, da war es hoffnungslos eines zu bekommen, das war schwieriger, als sechs Richtige im Lotto zu treffen. So stand ich also in dieser Menschenschlange, hungrig, durstig und wusste nicht, ob ich an diesem Tag überhaupt noch nach Hause kommen würde.
Dann aber kam eine S-Bahn, die natürlich sofort auf Biegen und Brechen erobert werden musste. Gerade in den letzten Wagen kam ich noch hinein, an einen Sitzplatz war nicht zu denken, umfallen konnte aber auch niemand, so dicht stand man beieinander. Ein junger Mann erbarmte sich meiner. Sage noch einmal jemand etwas über die heutige Jugend! Ich konnte sitzen, zwar eingeklemmt zwischen vielen, wenn schon kein Hautkontakt, so zumindest ein Stoffkontakt. Und dann zockelte die Bahn los, unterwegs ein paar längere Haltestellen oder eine, wo die Bahn einfach durchfuhr, aber letztlich kam ich doch

nach Hause. Total erschöpft, ausgelaugt und fix und fertig. Gegen Riesen und Sirenen hatte ich mich nicht behaupten müssen. Seestürme war Menschengedrängel gewesen, niemand war in Schweine verwandelt worden, obwohl – konnte man da so sicher sein? Es war vorbei und überstanden. Meine Mini-Odyssee hatte mir auch gereicht. Verständlich, oder? Beneidet hatte ich Odysseus sowieso nie um seine Abenteuer.

Der letzte Akt

Ein buntes Blatt dreht lautlos sich zur Erde,
als trüg's ein Hauch ganz leicht und schwerelos,
dass es der Straße Schmuck und Farbe werde,
die sonst so grau und hart und nackt und bloß.

Wie rote Lippen liegt es nun am Pflaster.
Ein Sommerkuss, der kein Versprechen hält.
Mit Reifendonnern überfährt 's ein Laster...
Doch schon das nächste aus der Krone fällt.

Handtellergroß hängt eine weiße Rose
duftschwer und müde über morschem Zaun.
Trägt ihre Blütenblätter schon ganz lose,
als würd' sie sich bald zu entblättern traun.

Mit wilden Kirschen, rot- und schwarzen Beeren
hat sich der Sommer Lichter aufgesteckt.
Lackglänzend, dunkel, als ob' s Augen wären,
in denen man sein Lächeln noch entdeckt.

Die Sonne wirft nicht mehr mit Hitzepfeilen.
Der Sommer trägt sein buntes Abschiedskleid.
Doch mit dem Gehen will er noch nicht eilen.
Sein letzter Auftritt! Da lässt er sich Zeit...

Ernste Botschaft

Es tritt ein Engel bei dir ein.
Hat keinen Glanz und keinen Schein,
ist dunkel, wie die dunkle Nacht,
hat Angst und Furcht in dir entfacht.
Sein Schritt ist unhörbar und leis'.
Sein Atem ist ein Hauch wie Eis.
Ein Finger nur berührt dein Herz
und dich durchzuckt brennender Schmerz.
Dein Leben fordert er! – Bleibt stumm.
dreht sich mit einem Lächeln um
und geht, als wäre nichts geschehn...
Du zweifelst, ob du ihn gesehn
und weißt, dass es ein Zeichen war:
Gezählt sind Stunden, Tag und Jahr.
Nah ist das Ende deiner Zeit.

Vergiss nie auf die Fröhlichkeit!
Vergiss nicht, dass dir auch gehört',
was Glück war, Freude, unbeschwert.
Und dass die Münze, die uns prägt
das Frohsein, gleich schon in sich trägt,
womit man einmal zahlen muss
für Unbeschwertheit und Genuss...
Dass ihren Wert wir nie vergessen!
Denn alles ist uns zugemessen...
Zu viel, zu wenig, keiner kriegt,
weil Gottes Waage anders wiegt.
Auch wenn wir es nicht recht erkennen,
oft „ungerecht" das Leben nennen,
des dunklen Engels Botschaft dann
wohl keiner überhören kann...

Ein ausgefallenes Weihnachtsmenü

In Amerika soll der Weihnachtsabend laut und fröhlich mit vielen Gästen und Freunden gefeiert werden, so wie wir es an Silvester halten. Bei uns ist der Heilige Abend eher still und besinnlich, findet im engsten Familienkreis statt, bestenfalls wird noch eine unverheiratete Tante dazu eingeladen, alles ist festlich-feierlich gestimmt. Es gibt aber auch viele einsame Menschen, die niemanden mehr haben, der mit ihnen feiert oder zu ihnen kommt und für die ist das Fest wohl noch stiller als die übrigen Tage des Jahres.
Carla Rösler war alleinstehend, hatte keine Familie und keine Freunde, die in ihrer Nähe gewohnt und sie eingeladen hätten. So beschloss sie, heuer selber einzuladen und zwar ein paar Kolleginnen und Kollegen, mit denen sie in ihrer Firma näher zu tun hatte. Sie selber war Chefsekretärin in einem Verlag. Zu ihren Gästen sollte der Buchhalter zählen, ihre junge Assistentin, die Leiterin des Vertriebs, der Lektor und der junge Chef der Setzerei. Sechs Personen mit sich selber konnte sie gerade unterbringen. Dazu würde sie den Küchentisch, der ausziehbar war, ins Wohnzimmer stellen. Die Couch bot drei Sitzplätze, zwei Küchenstühle konnte sie dazu stellen und einen Hocker aus dem Schlafzimmer.
Natürlich würde sie für ein kulinarisches Essen sorgen! Dazu kaufte sie drei Tage vor dem Fest zwei Kilogramm Rehragout, das sie zuerst in Rotwein marinierte, mit Wacholderbeeren, Pfefferkörnern und Lorbeerblättern. Das Rezept hatte sie von ihrem Großvater, der Förster und Jäger gewesen war. Einen Tag später ließ sie das Ragout leise köcheln, bis es sämig und voller Geschmack war. Auch die Spätzle dazu bereitete sie schon einen Tag vorher zu, so hatte sie am Heiligen Abend nicht mehr viel Arbeit, den erfahrungsgemäß würde sie bis auf den letzten Drücker noch Überstunden machen und so brauchte sie zu Hause den Schmortopf und die Pfanne nur auf die Herdplatten zu stellen und langsam anwärmen, bis ihre Gäste kamen. Dann hatte sie genug Zeit, sich selbst ein wenig festlich herzurichten. Ihre Zugehfrau Sagorka hatte sie gebeten, am Vormittag des 24. zu kommen, noch ein wenig aufzuräumen, den Tisch zu decken und vielleicht auch etwas weihnachtlich zu dekorieren. Die Kroatin hatte gerne zugesagt, versprach sie sich von diesem Sonderdienst auch ein Kuvert mit ein wenig Weihnachtsgeld.

Das Ragout und die Spätzle standen nun also im Kühlschrank, unterstes Fach. Oben hatte Carla, wie sie das immer gehandhabt hatte, für Sagorka eine kleine Brotzeit hergerichtet, zwei Scheiben Brot, dick mit Schinken und Eierscheiben belegt, eingewickelt in dünne Folie. Daneben noch ein Töpfchen mit Heringssalat, von dem sie wusste, dass ihre Zugehfrau den gerne aß.
Die Kollegen hatten ihrer Einladung zugesagt, sie wären ja selber auch allein am Heiligen Abend gewesen. Carla hatte noch gebeten, auf Mitbringsel zu verzichten, niemand sollte sich zu irgendwelchen Gaben verpflichtet fühlen. Als sie nun, wie schon erwartet, knappe zwei Stunden vor ihrem Empfang nach Hause kam, besah sie sich im Wohnzimmer erst einmal das Arrangement, das Sagorka getroffen hatte. Es war alles wirklich hübsch dekoriert. Sie selber würde noch das gute Geschirr dazu stellen, das sie von ihrer Großmutter geerbt hatte und die schönen Gläser. Dann ging sie unter die Dusche.
Mit einem Handtuchturban und im Bademantel wollte sie in der Küche ihr vorbereitetes Menü aus dem Kühlschrank holen, da stockte ihr der Atem! Der Schmortopf war nicht mehr da und auch die Pfanne mit den Spätzle fehlte! Dafür lag ein Zettel an deren Stelle: „Liebe Frau Carla, beste Dank für die gute Essen, das sie hergerichtet habe für mich. War viel zu viel, habe ich mitgenommen für meine Familie. Werden sich alle bestimmt sehr freue! Ihnen schönes Weihnachten!"
Carla hockte sich vor die offene Kühlschranktür, ihr war so heiß geworden, dass sie die ausströmende Kälte gar nicht empfand. Was sollte sie jetzt tun? Womit ihre Gäste bewirten, die in einer knappen Stunde vor der Tür stehen würden, erwartungsvoll auf das angedeutete festliche Menü „nach einem alten Rezept von meinem Großvater."
Die drei Dosen mit der Hochzeitssuppe mit Mark- und Grießklösschen waren da. Suppe konnte es also erst einmal geben. Auch die sechs Schälchen fertiger Pana Cotta waren verschont geblieben. Das Schinkenbrot, das ursprünglich für Sagorka bestimmt gewesen war, fand sich noch, aber damit konnte sie keine ausreichende Speisung für ihre Gäste anbieten.
Sie klappte ihr kleines Tiefkühlfach auf. Ein Würfel Spinat lag darin, ein Paar Würstchen und ein paar Scheiben Bauernbrot, gefroren. Auch keine Alternative. Was hatte sie denn noch zum Anbieten? Ein paar Ein-Portion-Dosen mit Ravioli, Linsen, Bohnengemüse ergaben auch

kein Festmenü. Eier, Eier waren genügend da! Sollte sie Rührei mit Schinken machen, mit dem Schinken von Sagorkas Brot? Aber ihre Pfanne, die groß genug dafür gewesen wäre, war ja auch außer Haus. Russische Eier, fiel ihr dann ein. Dafür würden die neun Stück reichen, die sie hatte, die ergaben achtzehn Hälften, durch sechs Personen, bekam jeder drei halbe. Etwas für den hohlen Zahn, aber besser als nichts. Also machte sie sich an die Arbeit, kochte die Eier hart, schälte sie, was bisweilen etwas mühsam war, halbierte sie, holte den Dotter vorsichtig heraus, zerdrückte ihn mit einer Gabel, rührte Salz und ein wenig Senf darunter, den klein geschnittenen Schinken und ein, zwei Gürkchen, ebenfalls in kleinen Stückchen, das Ganze dann in die Eierhälften gefüllt. Eigentlich hätten jetzt ein paar Körnchen Kaviar darauf gehört, aber erstens hatte sie keinen da, keinen echten natürlich, und nicht einmal den gefärbten Forellenrogen, den sie sonst bei diese Gelegenheit verwendete. Ein Tupfer Mayonnaise aus der Tube und darauf eine halbe Olive mussten es auch tun. Dazu sollte es dann Buttertoast geben und mit Frischkäse gefüllte Pumpernickelscheibchen. Ah ja, für eine kleine Käseplatte hatte sie gesorgt, die hatte sie zum späteren Abend noch servieren wollen, falls irgendjemand „ein Loch in seinem Magen" zu stopfen hatte, ein kleiner Hunger sich meldete. Salat hatte sie zu ihrem Ragout-Menü zwar auch vorgesehen gehabt, aber nur Sellerie aus dem Glas und Rote Rüben, da passte nun überhaupt nicht zu ihren russischen Eiern und so ließ sie die Gläser geschlossen.
Als Getränk hatte sie zwei Flaschen guten Rotwein besorgt, der musste noch dekantiert werden, damit er atmete. Aber passte der zu der Eierplatte? Weißwein wäre da vielleicht besser. Irgendwo musste noch eine Literflasche herumstehen, die ihr einmal jemand mitgebracht hatte. Sie fand sie und stellte sie in den Kühlschrank, über seine Qualität musste man wohl schweigend Wohlwollen breiten. Auch zwei Flaschen Sekt waren da, Organgensaft und Mineralwasser. Bier hatte sie keines und wo sollte sie jetzt noch etwas besorgen? Die Geschäfte waren längst geschlossen und ihr Nachbar? Vermutlich war der gar nicht da. Hatte er nicht etwas von Urlaub gesprochen, als sie ihn das letzte Mal traf? Egal. Es musste einfach so gehen. Jetzt noch schnell ins Kleid, zum Haare föhnen war keine Zeit mehr, denn es läutete bereits an ihrer Wohnungstür. Der erste Gast, die Blamage konnte ihren Lauf nehmen.

Willy Vogelsang, der Buchhalter stand draußen, zusammen mit ihrer Assistentin Daniela Glasl. Nanu, die beiden kamen miteinander und offenbar recht vertraut. Willy hatte eine Tiefkühltasche dabei und meinte verlegen: „I hab mir zwoa Flaschl Bier mitbracht, des is hoit mei Lieblingsgetränk und passt fia mi überoi dazua".
Carla nickte nur. Dani überreichte ihr ein Blumentöpfchen mit einem Glückskleesträußchen. „Wir sollten zwar nichts mitbringen, aber ein bisserl Glück kann doch nie schaden!" Das hätte ich heute sehr gut brauchen können, das bisserl Glück, dachte Carla und nahm das Töpfchen entgegen. Das konnte man zur Tischdekoration stellen. Die beiden jungen Männer, der Lektor und der Chef der Setzerei kamen auch gemeinsam, als letzte traf Frau Dr. Eva Kern ein, die Vertriebsleiterin. Man begrüßte sich, stand ein wenig herum bis Carla zum Platznehmen ins Wohnzimmer bat. In die Weißweingläser hatte sie ein wenig eingeschenkt, zum Willkommen und zum Anstoßen. Dabei sagte Frau Dr. Kern: „Ich bin die Eva und würde sagen, heute reden wir uns alle mit dem Vornamen an." Das war im Verlag nicht üblich, aber es sollte ja nur für heute sein, also nannte jeder seinen Vornamen, die zwar auch so schon allgemein bekannt waren, aber eben der Form halber. Dann trug Carla die Suppe auf, die sie bereits auf die Schälchen verteilt hatte, immer darauf bedacht, dass jeder die gleiche Anzahl der Klößchen bekam. Man löffelte still, war schnell damit fertig, das war ja nicht viel. Gespannt hatte man schon beim Eintritt geschnuppert, um eventuell zu erriechen, was der geheimnisvoll angekündigte Hauptgang sein würde, es war nichts eindeutig festzustellen.
Nach der Suppe erhob sich Carla, hielt ihren Löffel so vor den Mund, dass er für ein Mikrophon gehalten werden konnte und erzählte ihr Missgeschick mit dem abhanden gekommenen, also ausgefallenen Menü. Man machte gute Miene und ließ sich seine Enttäuschung nicht so direkt anmerken.
Dann kam die Eierplatte, Toast und Butter, die gefüllten Pumpernickelrädchen, die Käseplatte und ein Schälchen mit Entenleberpastete hatte Carla auch noch im Kühlschrank gefunden. Dazu wollte Willy sein Bier trinken. „Ich hab leider kein Weißbierglas", entschuldigte sich Carla. „Macht nix, Charly", grinste der Buchhalter, „mir is jeds Glasl recht und mei allerliabsts hab i ja neben mir:" Dabei legte er einen Arm um Daniela, die ein wenig rot wurde und verlegen reagierte.

Auch Carla war etwas geniert, denn „Charly" hatte sie seit ihrer Kinderzeit niemand mehr genannt.

Dem Rotwein wurde zugesprochen, egal ob er nun passte oder nicht, Eva hielt sich an den Weißwein. Dani wollte nur Organgensaft und nichts Alkoholisches. Es wurde eine recht fröhliche Runde, besonders weil man sich auch duzte, was die Stimmung gelockert hatte. „Hast ned a Butterbrot fia mi, Charly" fragte Willy. Sie wollte verlegen die Schultern zucken, an ihr Brot im Tiefkühlfach hatte sich nicht gedacht, aber er meinte: Bringst ma halt des von deiner Zugehfrau, und wennst an Schnittlauch drauf hast…" Hatte sie und so bekam er sein gewünschtes Butterbrot.

Später gab es noch die Nachspeise, die Schälchen mit der Pana Cotta, die Carla ein wenig mit Preiselbeermarmelade dekoriert hatte, die ja ursprünglich für das Rehragout gedacht gewesen war.

„So, und jetzt bitte noch einen Kaffee!" bat Eva und holte eine Dose mit selbstgebackenen Plätzchen aus ihrer Tragetasche. „Kein Mitbringsel", sagte sie, „nur ein Ergänzung zum Kaffee."

Kurz nach Mitternacht wollten alle aufbrechen. „Jetzt bräucht ma a paar Taxis" , seufzte Helmut, der Chef der Setzerei. „Ich kann Euch fahren", sagte Dani, „ich bin mit dem Auto da und bring auch alle heim oder zur U-Bahn, zur S-Bahn zum nächsten Taxistand, wie Ihr wollt. Ich hab ja keinen Alkohol getrunken und da gibt es kein Problem." Man nahm das Angebot dankend an.

„So", meinte Toni, der Lektor, „und jetzt ziehen wir singend durchs Treppenhaus, damit die Nachbarn auch was von der stillen Nacht haben!" Auf den erschrockenen Blick von Carla beschwichtigte er: „Nur ein Weihnachtslied natürlich! Schad, das wir heut nicht tanzen konnten, aber im Radio gibt es bestimmt keine flotte Musik."

„An Silvester kommt ihr alle zu mir" , bestimmte Eva. Ich räum die Diele zum Tanzen aus. Du, Charly bringst deinen Schmortopf mit dem Ragout nach Opas Rezept."

„Und i mach de Spätzle, handgschabt. Hab i von meiner Mutter glernt, i bin ja a Allgäuer!" setzte Willi hinzu.

Dann zogen die fünf wirklich singend durchs Treppenhaus, hintereinander wie bei einer Polonäse. Hin und wieder wurde eine Wohnungstür geöffnet, aber keiner schimpfte oder war empört, alle lächelten dem Zug zu, sangen vielleicht sogar mit:" O du fröhliche".

Hinter den Wolken...

Hinter den Wolken, irgendwo weit,
sitzt ein kleiner Engel und zerschneidet die Zeit
mit Gottes großer Schere.
Er zerschneidet das Glück, er zerschneidet das Leid
er zerschneidet die ganze Ewigkeit,
als ob eine Zeitung es wäre.
Und die Fetzchen sie taumeln und fallen ins All
als flaumige, weiße Flocken.
Und wie im Zauber, mit einem Mal,
zum Träumen sie uns verlocken:
Dass ein Wunsch sich erfüllt, dass Wirklichkeit wird,
was lange wir uns schon ersehnen.
Dass das Glück uns die Hand reicht und uns entführt
ins Land ohne Angst, ohne Tränen.
Dass ein Tor sich uns auftut mit Glimmer und Glanz,
es schimmern und duften die Kerzen,
Dass Freud' bei uns einzieht im flockigen Tanz
dass weit sich öffnen die Herzen.

Ein nagelneu's Jahr

Ich wünsche von Herzen
ein nagelneu's Jahr!
Vielleicht etwas besser,
als das vergangene war.
Es möge sich wenden
zur leichteren Seit'
und alles beenden,
was uns nicht erfreut.
Es darf uns gern schenken
Gesundheit und Glück,
und halte die Stunden,
die mies sind, zurück.
Es wehre uns allen
was nicht passt vom Hals,
dann wird es gefallen.
Glaub' ich jedenfalls.
Will es uns mal ärgern,
dann schenke es Mut,
dem recht zu begegnen.
Und alles wird gut!

Nichts Neues im neuen Jahr?

Manuel starrte auf den Kalender. Silvester – morgen. Natürlich, das war der Jahreslauf und eigentlich hatte er für diesen Tag, für diesen Abend viel vorgehabt. Richtig krachen lassen hatte er es wollen! Aber dann war einiges schief gelaufen. Ach was, einiges! Alles!
Eine Verlobung unter dem Weihnachtsbaum hatte er geplant. Tat das heutzutage noch jemand? Sich verloben? Seine Oma hatte das immer so romantisch geschildert und nachdem seine Romy doch auch so schwärmerisch veranlagt war, hatte er geglaubt, ihr damit eine besondere Freude und Überraschung zu bereiten. In ein Lebkuchenherz hatte er einen Ring eingebacken, es mit rotem Zuckerguss verziert, ihren Namen mehr darauf gezittert als geschrieben, aber immerhin konnte man ihn entziffern. Romy hatte dann auch in das Herz gebissen, gebissen, anstatt es zu brechen, wo an der „Soll-Bruch-Stelle" dann der Ring herausfallen sollte, aber sie hatte sich einen Zahn ausgebissen, und ihm wütend Ring und Lebkuchenherz und ihr eigenes Herz gleich dazu vor die Füße geworfen und heulend vor Schmerz und Enttäuschung die Wohnung verlassen, zur Nothilfe in der Zahnklinik. Nicht einmal begleiten hatte er sie dürfen!
Für den Silvesterabend hatte er einen Tisch bestellen wollen, im Drehrestaurant auf dem Fernsehturm. Doch es waren alle längst reserviert und das lange vor Weihnachten schon. Aber Manuel hatte auch einen ganzen Karton Feuerwerksraketen, Sprühteufel und Funkelräder eingekauft, der ganze Zauber hätte auf seinem Balkon stattfinden sollen. Auch Sekt war genug da, mehr als sie beide an diesem Abend austrinken konnten. Und feine Häppchen hatte er geordert. Die musste er noch abbestellen, denn ihm allein war der Appetit vergangen. Herum hocken würde er, traurig, enttäuscht, vielleicht auch wütend auf sich und die blöde Idee, den Ring in den Lebkuchen einzubacken. Jeglicher Versuch, Romy anzurufen, sich zu entschuldigen, alles wieder einzurenken war bisher gescheitert. Was würde sie an diesem Abend machen? Bestimmt fand sich jemand, der sie tröstete. Ihr Freundeskreis war groß genug und Aspiranten, die mit Freuden an seine Stelle treten würden, gab es sicher auch. Aber die Raketen, die Feuerräder und Sprühteufel, die würde er abfeuern, am liebsten alle zusammen und zugleich! Er würde es wirklich richtig

krachen lassen und seinen ganzen Frust gleich mit in den Himmel schießen.
Seine Batterie an Feuerwerkskörpern hatte er aufgebaut auf dem Balkon. Die leeren Blumenkästen damit bestückt. Wie er sich das alles betrachtet, kam er zu der Erkenntnis, dass er gar nicht alleine mit dem Anzünden und Abfeuern fertig werden konnte! Aber wen sollte er sich zur Hilfe holen? Wem von seinen Freunden konnte und wollte er sein Missgeschick mit Romy beichten. Beneidet hatten sie ihn um sie und jetzt sollte er eine Niederlage zugeben? Nie und nimmer!

Sekt hatte er sich keinen eingeschenkt, eine Flasche Whisky hatte er sich noch geholt, damit wollte er seinen Kummer ersäufen, obwohl es ja eigentlich hieß, dass Sorgen schwimmen können und letztendlich immer obenauf wären… Und statt der feinen Häppchen musste es ein Kranz Lyoner auch tun, vielleicht würde er sich damit einen Wurstsalat anrichten.
Dann war es so weit. Kurz vor zwölf werkelte Manuel auf seinem Balkon herum. Nein, das waren einfach zu viele Raketen. Kurz entschlossen warf er einige mit der glimmenden Lunte hinunter. In dem schneefeuchten Gras würden sie vielleicht gar nicht weiterbrennen, nicht explodieren. Er beugte sich über das Geländer und sah, wie ein kleiner Hund, ein Mops, auf krummen Beinen, selber wie eine Rakete her zischte und sich eine davon schnappte. Die Lunte brannte. Offenbar fürchtete sich der Hund nicht vor Feuer und wenn das Ding nun losging? Es würde das Tier eventuell zerreißen! Vielleicht war es ein Weihnachtsgeschenk für ein Nachbarskind?

Manuel mochte keine Hunde und schon gleich gar keine Möpse! Aber dem da unten durfte nichts passieren! Er wollte nicht schuld sein, keinem Kind Kummer bereiten und natürlich auch sonst niemandem, dem der Mops gehörte. Er sah noch einmal nach unten, das verrückte Vieh hatte immer noch die weiterhin glimmende Rakete im Maul, schüttelte sie wie eine gefangene Maus, wobei die Lunte allerdings nicht ausging, sprang voll Übermut in die Höhe, und hörte nicht auf die helle Stimme, die nach ihm rief: „Aus, Flitzi, aus! Pfui! Lass das Ding los!"
Schon war Manuel vor dem Haus, rannte auf den Hund los, stieß dabei mit jemandem zusammen, den er im ersten Moment gar nicht so

deutlich sehen konnte. Ringsherum stoben schon die ersten Raketen in den Himmel, sprühten Feuerräder und platzten Knallfrösche. Der Hund war flink, jung und übermütig, aber schließlich gelang es Manuel doch, seiner habhaft zu werden, ihm die Rakete aus dem Maul zu reißen. Im letzten Augenblick konnte er sie noch von sich werfen, sonst wäre sie in seiner Hand explodiert. So zischte sie nur wie ein wildgewordener Feuerschwanz durch das Gras, zerstob in bunte Funken, stieg aber nicht in die Höhe. Der Mops in seinen Armen wand sich, japste, wollte nach unten, kaum dass ihn Manuel halten konnte, er war beinahe wie ein Fisch, der aus der Pfanne wollte.
Da griff jemand nach ihm. Manuel sah auf – und sah in Romys Gesicht. „Das ist meiner! Danke, dass du ihn gerettet hast." Manuel stand der Mund offen. „Du bist da?"
„Ja, ich bin da. Und ich hab dir auch ein Verlobungsgeschenk mitgebracht!" Sie hielt ihm den Mops wieder hin. „Er heißt Flitzi. Weil er so flitzen kann, kaum zu bändigen ist, was du ja gesehen hast. Ich hoffe, du hast Freude mit ihm."
„Aber, aber", stotterte Manuel.
„Nix aber. Komm, wir gehen jetzt hinauf zu dir, die restlichen Raketen zünden. Dann hoffe ich, du hast auch ein paar Flaschen Sekt kalt gestellt, und was zu essen wirst du auch finden. Schließlich müssen wir ja unsere Verlobung nachfeiern. Mein Zahn ist übrigens wieder in Ordnung. Hoffentlich hast du den Ring aufgehoben, jetzt möchte ich ihn nämlich ganz gern haben."
Manuel umarmte sie, dabei zerquetschten sie beinahe den Mops auf Romys Arm. Manuel mochte eigentlich keine Hunde und schon gleich gar keine Möpse, aber wenn er Romy Freude machte, dann nahm er ihn sozusagen als Zuwaage. Den Ring Lyoner bekam er schon mal, als Freundschaftsangebot, er war ja jetzt sozusagen Mit-Verlobter.

Wegweiser

Es hoaßt, ma soit mim Herzen denken,
den rechten Weg daad's oan scho führn.
Es daad di guad und sicher lenken. –
Doch 's Herz führt manchmoi in de Irrn…

Denn 's Herz, des wui doch oftmois anderst,
ois da Vastand. Und hast den gfragt,
in welche Richtung dass d' jetzt wanderst,
hat er dir gwieß a andre gsagt.

Wia oft stehst da, und woaßt ned weida!
Herz und Verstand, wer sollt jetzt re'n?
Wer woaß an Rat? Wer is da Gscheida?
Und dann is' doch da foische gwen…

Bist ned scho oft an Umweg ganga
und hättst doch 's Leitseil in da Hand?
An's recht Ziel werst erst dann glanga,
folgst moi am Herz, moi am Vastand!

Wann wem? De Frag" bleibt oiwei offen!
Onehma muaßt. was mit dir gschiecht.
Doch 's Herz lasst di aa dann no hoffen,
wenn da Vastand koan Ausweg sicht.

De guade Fee

Kammat a guade Fee vorbei
und sagt: „Drei Wünsche hast du frei!"
Was daad i woin? Was daad i mögn?
Da miassat i scho überlegen...

Waar Schönheit, Reichtum, a Gewinn?
I möcht ned mehr sei, wia i bin
und brauch ned mehra, ois i hab...
Was gaab's dann nachad fia a Gab?

I wünschat ma vielleicht de Kraft,
dass i des ghoit, was i mir gschafft
und dass i dees erreicha ko,
vo dem i sag: „Da liegt mir dro!"

Dass i's oiwei vo vorn probier,
den Muat dazua, den wünsch i mir.
Und duad's ned, wia i's ham wui, geh,
daad mir a Lächeln ganz guad steh!

Abgesang

Ruhm ist sowas von vergänglich!
Den hast höchstens lebenslänglich.
Bist erst gstorben, is vorbei,
dann bist allen einerlei.

Hin und wieder, ab und zu,
gibt's leicht jemanden, dem du
nicht ganz ohne Wirkung bist,
der noch deine Bücher liest,
an dich denkt und der dich schätzt…
Doch auch der wird dann zuletzt
von dem Erdenrund verschwinden. –

Darum gilt es, zu verkünden,
ganz kurz warst vielleicht mal wer.
Oiss vageht. Trag's ned so schwer:
Dir gehört der Augenblick!
Nimm ihn wahr, genieß dein Glück!

Was nach dir ist in den Jahren,
tja, das wirst du nie erfahren.
Was ist „Nachruhm" dann noch wert,
wenn du selbst ihn nicht gehört.
Und, die mit dir warn am Leben,
die wird's dann auch nimmer geben…

Darum: Ruhm ist doch vergänglich.
Warte nicht auf ihn so bänglich.
Ist er kurze Zeit nur dein,
solltest du zufrieden sein!

Weitere Bücher von Monika Pauderer in der Edition Töpfl

Jenseits der dunklen Wege
Außergewöhnliche und merkwürdige Geschichten
ISBN 978-3-942592-05-5   Preis: 15,00 Euro

Glück und Glas
Liebes- und Lebensgeschichten
ISBN 978-3-942592-21-5   Preis: 15,00 Euro

Traumprinz gesucht, Himmelbett vorhanden
Liebesgeschichten, die manchmal etwas aus dem Ruder laufen
ISBN 978-3-942592-31-4   Preis: 20,00 Euro

Meine Zeit hat viele Farben
Geschichten – bunt wie das Leben
ISBN 978-3-942592-40-6   Preis: 20,00 Euro

Funkenflug und Strohfeuer
Liebesgeschichten und Gedichte
ISBN 978-3-942592-45-1   Preis: 18,00 Euro

So a Viecherei!
Tierisch und menschlich – vorwiegend heiter
ISBN 978-3-942592-48-2   Preis: 18,00 Euro

Bunte Blätter
Fundstückchen auf dem Lebensweg
ISBN 978-3-942592-51-2   Preis: 20,00 Euro

Jahreszeiten – Lebenszeiten
mit dem Lächeln vergangener Tage
ISBN 978-3-942592-54-3   Preis: 20,00 Euro

Gedankensprünge – Zeitgeschenke
Geschichten – Gedichte – Gedanken
ISBN 978-3-942592-57-4   Preis: 20,00 Euro

Erhältlich beim Verlag oder im Buchhandel.